武式太极拳拳械汇编

高连成 编著

人民体育出版社

武式太极拳鼻祖武禹襄（1812—1880）

武式太极拳第二代祖师李亦畬（1832—1892）

武式太极拳第三代祖师郝为真（1849—1920）

武式太极拳第四代师祖李圣端（1888—1948）

武式太极拳第五代宗师陈固安（1913—1993）

武式太极拳第五代宗师吴文翰（1928—　）

2006 年率郑州学生与邢台同门交流拳艺合影

1992 年参加邢台市武式太极拳研究会成立仪式与陈固安、吴文翰两位恩师及师兄弟合影

2005 年 7 月赴日本东京讲授武式太极拳艺与日本学生合影

2000 年 8 月张湛、罗凯、朱洪兴、邵震拜师留念

1996 年高连成先生获温县国际太极拳年会武式太极拳第一名

2000 年第一届焦作国际太极拳年会比赛获奖弟子合影留念

2002 年参加在河南辉县举办的全国传统武术名家技击研讨会

2000 年率弟子参加中国焦作国际太极拳年会比赛合影

第四届中国郑州国际少林武术节担任裁判工作合影

2004 年参加河北永年郝为真学术研究会成立与李剑方合影

2000 年美国武郝太极总会会长王国强先生在永年武禹襄故居为
高连成先生颁发该会海外高级顾问聘书

2004 年日本弟子石本镜子、山琦敬在郑州拜师合影留念

1998 年高连成老师带领学生参加铁路局艺术节获武术表演金奖

1996 年率郑州武式太极拳研究会弟子参加温县国际太极拳年会比赛，开幕式入场

1993 年 4 月 1 日郑州武式太极拳研究会成立大会

第五届中国郑州国际少林武术节担任裁判工作

2008 年率郑州、鹤壁学生参加邯郸国际太极拳运动大会与恩师吴文翰合影

1991 年陈固安、吴文翰两位恩师率弟子瞻仰李圣端师爷故居

2006 年高连成在第二届世界武术节获银牌奖

1999 年与恩师吴文翰以武式太极名家身份参加首届中国武当拳联谊大会，
与参赛弟子合影

先师陈固安先生赠予的梅花图

邢台杨金堂师叔及前辈赠予的“中州武英”题字

2006 年 5 月受邀参加中国太极拳名家研讨会，与恩师吴文翰等太极名家合影

1993 年中国郑州第三届国际少林武术节获太极拳优秀表演奖

1986 年参加全国铁路第六届体育检阅大会摔跤比赛（后排左三）

1997 年赴日本教学与学生合影

1997 年在日本教授武式太极推手

1991 年携弟子王勇与恩师陈固安在邢台故居合影

2000 年 8 月以武式太极名家代表参加中国焦作国际太极拳年会与名家翟维传、钟振山、国家武管中心郝怀木等合影

1993 年 11 月参加河南省首届武术论文研讨会与会代表合影

2005 年组队参加温县陈家沟太极拳比赛合影留念

2008 年参加在辽宁省开原市举办的全国武式太极拳高峰论坛代表合影（右三）

2011 年 7 月 9 日高连成六十大寿合影

2013 年 11 月 25—26 日高连成老师率弟子参加
中国国际功夫高峰论坛颁奖留念

2013 年高连成老师率弟子参加中国国际功夫高峰论坛被授予团队金奖

2014 年 10 月 18—22 日高连成老师率河南省电力公司代表队参加
中国郑州第十届国际少林武术节颁奖留念

武派太极名师高连成

高连成先生系武派太极拳（郝为真氏门下）第四代传人，中国国家武术六段，省一级拳师，温县国际太极年会太极名师，现任郑州市武术太极委员会会长，日本太极拳协议会顾问，北京燕武（郝）派太极拳研究会顾问，中国温县、永年国际年会太极拳名家代表，年会副秘书长。

高先生自幼习武，年少即得着名武派太极拳家、技击家陈固安先生恩准，纳为门徒，后又师拜吴文翰先生深造，几十年勤学不辍，孜孜追求，系统掌握了武派太极之拳、械、打手技击功夫，获取中国郑州第三届国际武术节拳术优秀奖，多次夺得中国温县、永年国际太极年会武式太极拳械第一名，其众多弟子，在历届国际、省市级太极拳、械、推手比赛中屡获金银牌，本人5次受邀赴日本东京讲学，开启武派太极拳东传之先河，2002年被中国永年国际太极联谊会十一年回顾授予"功勋杯"奖。（法一 供稿）

《少林与太极》2003 年第 10 期中插页

2015 年 8 月高连成老师率队参加第八届中国焦作国际太极拳交流大赛

序

弟子高连成应邀拟出版《武式太极拳拳械汇编》，请我在书前写几句话。

武式太极拳为清季广平府永年县武禹襄先生（1812—1880）首创，到现在已有一百五六十年历史，大体上经历了三个时期。

一、创始时期

武禹襄名河清，禹襄是字，廪贡生，因受时风及家庭影响，虽然习文，亦好武技，在拳理上远宗王宗岳，拳技上近师陈清平，历经多年实践，学而后化，自成一家。他著述许多脍炙人口的拳论，如《十三势行功心解》《十三势说略》《太极拳解》《太极拳论要解》《四字秘诀》《身法八要》《打手撒放》，早已成为太极拳的经典。他创编的太极拳势、打手以及刀、杆演习套路技法，是其拳论的具体体现，别具神韵。

武家以科举为业，后人多不研习太极拳，得真传者长甥李亦畬，次甥李启轩和门人杨班侯。李亦畬、李启轩昆仲宗母舅武禹襄之学光而大之，李亦畬著有《五字诀》《打手行功要言》《散放秘诀》《虚实开合论》（附图）、《身背五弓论》（附图）、《定军诀》《太极拳小序》《太极拳谱跋》《阴符枪谱跋》等。李启轩著有《敷字诀解》《各势白话歌》等，都是弘扬太极拳的经典之作。

李家也以科举为重，得李氏昆仲真传者，以郝和功力最好。

郝和（1849—1920），字为真，从李亦畲、李启轩两位先生习太极拳，专心致志20余年，深得李氏昆仲垂青，视为衣钵传人，授以手书《太极拳谱》。武禹襄、李亦畲所作拳论言简意赅，精要处非口授身演不能穷其巧妙，唯为真先生能传其窍要，因而跟他学拳的人士很多。

武禹襄、李亦畲、李启轩三位前辈教人极少，到为真先生时才广为普及衍为一派，研习者称武式太极拳。因武式太极拳强调虚实开合，民间又习称“开合太极拳”。

二、发展时期

20世纪二三十年代，各省市多组建国术馆。1928年郝为真先生的弟子李圣端（1888—1948）、郝中天（1891—1968）等人组建“邢台国术研究社”，郝为真先生之子郝文桂（字月如，1877—1935）和韩钦贤（1885—1958）等组建“永年县国术馆”，1932年郝为真先生的弟子李福荫等组建“永年太极酱园”，都培育出一大批武式太极拳研习者。1929年郝月如先生应邀到南京教拳，其子少如到上海、常州等地教拳，武式太极遂传入江南。郝门弟子闫志高、霍梦魁于20世纪四五十年代先后将武派太极拳普及到沈阳等地。1932年李香远（1889—1961，郝为真先生的弟子）、郝向荣（1911—1980，郝为真之曾孙）应“山西省国术促进会”之邀到山西教拳，武式太极拳遂传入三晋大地。

这一时期除扩大教学地区，增加教学内容外，还出版了王宗岳、武禹襄、李启轩等人的太极拳理论著作，扩大了太极拳的影响。

三、普及时期

新中国成立后，党和人民政府对太极拳的发展极为关注，武式太极拳也随之得到更为广泛的普及。这一时期的特点是：①上海、北京、天津、沈阳、重庆、石家庄、郑州、邢台、邯郸、许昌等大中城市都相继成立了武式太极拳的专门研究机构。②出版了武式太极拳专著，如郝少如的《武氏太极拳》，陈固安的《武氏太极拳新架》，吴文翰的《武派太极拳体用全书》，刘常春的《武氏太极拳》，王善德的《沈阳武派太极拳直讲》，姚继祖的《武氏太极拳》，陈固安的《太极棍》等。③普及到海外，英、美、日、瑞典、新加坡、马来西亚等国家都有人在传授和研习武派太极拳。

武式太极拳是最早形成的文人化太极拳，其学术思想对后世习太极拳者深有影响，使太极拳从技艺型进入学术和技艺相结合的新时期，出现了许多融太极拳艺和学术研究为一体的太极拳家，为拓展太极拳研究领域，提高太极拳的文化品位，使之迅速走向世界创造了良好的条件。

由于武式太极拳内涵极为丰富，目前已出版的武式太极拳书籍都未能包括武式太极拳的全部内容。《武式太极拳拳械汇编》的出版，适当的弥补了这一缺陷，由高连成来撰写也是较好的人选。

高连成原籍北京长辛店，是著名的摔跤之乡，受环境影响从小就喜爱摔跤和武术。读书时就跟随我师兄陈固安先生学习查拳、心意拳，后来专攻武式太极拳，学会了陈固安先生创编的武式太极拳新架、长拳、缠手以及枪、棍、剑等器械。1993年陈师兄去世后，连成又跟我继续学习太极拳史、拳理、武式太极拳传统拳势、打手、一时短打和刀、杆等器械，较为全面地掌握了武式太极拳的拳理功法诸般技艺，经过多年实践、教学和参加比赛，积累了丰富的实用经验。他曾应邀五次赴日本国讲学，是第一位把武式太极拳普及到东瀛的武式太极拳家。他还撰文发表在《武林》《武魂》《少林与太极》等专业杂志上，对普及弘扬武式太极拳做过不少贡献。

这次由他主笔编写《武式太极拳拳械汇编》，一定能够不负众望，故乐为之作序。

吴文翰

于北京燕居斋

前 言

武术作为中华五千年文化背景下孕育产生的精华，是中华民族的国粹，太极拳是众多武术中的一个流派，武术的属性是攻防术，它的内在灵魂是技击。传统的武式太极拳也不例外，师祖武禹襄经多年的验证、揣摩和研究，使每个拳势都自成为一个完整的攻防体系，是以掤、捋、挤、按、採、挒、肘、靠、前进、后退、左顾、右盼、中定十三势为核心的攻防体系，上下相随，高度统一，协调配合，周身一家。后经李亦畬、郝为真等历代先师研究发展，至五代陈固安先师，发展了新架，在推手与散手方面继承前贤，不拘古法，系统发展了推手和散手的训练方法，器械方面在古传十三杆（枪）、四枪法、十三刀及四刀法的基础上，发展出了太极三十六棍、太极三十六枪、杆枪对练、对劈刀等，吴文翰老师也创编了武式太极连环十三刀、武派太极剑、杆法及枪法等，使武式太极拳的内容更加丰富，训练更趋完善。

笔者自幼酷爱武术，与先恩师陈固安在河南许昌近邻而居。陈师是学校老师，笔者兄妹多人都系陈师教诲成长。笔者自小深受陈师武学思想之影响，深佩陈师之精深武功。自拜陈师学习武术与太极拳几十年来，尊师教导，寒冬酷暑研究武派拳艺，从不敢懈怠。经陈师引荐得识师叔吴文翰。恩师谢世后，拜吴师继续学习武派拳艺，每想起学拳历程，恩师的音容笑貌仍历历在目。为继承师志，不辜负二位恩师栽培苦心，把二位恩师传授的武式太极拳郝为真宗师的一脉拳艺、器械、打手技术整理成册，以便后学，以此告慰恩师在天之灵，谢陈、吴二位恩师传授之恩。

《武式太极拳拳械汇编》主要介绍笔者随陈固安、吴文翰二师所习武派拳艺，其中推手与散手术已著《武派太极技击术》一书介绍，该书主要介绍武式太极拳架传统架108式、新架184式、108式太极长拳，武式太极推手器械方面有武禹襄传承的十三刀、十三枪，有陈、吴二师继承古传刀（枪）杆器械发展衍化创编的太极棍、太极枪、太极刀、太极剑；书后还记有笔者所参加的主要武术社会活动和部分武术赛事，以及吴文翰师转赠我的太极拳老三本资料，影印于后，供爱好者参悟学习。

本书编撰过程中，有随我习拳多年的弟子杨进，深研拳理，究其奥妙，对武派拳艺甚为珍爱，多次聚谈，策划本书出版，做了大量工作。还有弟子罗凯、张湛，为此书出版拍照配图、资料整理和编辑。老伴刘莲芬也做了大量校对工作。河南引子文化传播有限公司姜金桥、姜河二位先生鼎力相助，不辞辛劳，为本书配套光盘录制影像，编辑视频。恩师吴文翰不顾年事已高，百忙之中，撰写序文。在此一并感谢。

由于本人水平有限，书中难免有许多欠妥之处，敬请武林同道给予批评指正。

书武式太极名师高连成

高连成先生生于1951年7月，原籍北京，曾在郑州铁路局郑州分局工会工作，已退休，现全身心投入到武式太极拳的研究及推广工作中。

连成先生系武式太极郝氏门下第四代传人，中国国家武术七段，中国温县国际太极拳年会太极名师，一级武术拳师，一级武术裁判员。现任郑州市武式太极拳委员会主任，全日本太极拳协会高级顾问，北美洲（武郝派）太极拳研究会顾问，中国温县国际太极年会副秘书长，中国永年国际太极拳年会副秘书长。

高连成先生自幼酷爱武术运动，年少时在河南许昌上学，在河南这个中原武术之乡饱沾国术浓墨。年少时得著名技击家、武式太极三代名宿郝为真宗师之再传弟子邢台陈固安先生（1913—1993）恩惠，纳为门徒，系统地学习了武式太极之拳、械、打手等功夫。

陈固安，字磐石，乃郝宗师得意弟子李公圣瑞（讳斌）的表侄和弟子，又受到韩钦贤、郝中天等先生的指点，一生研练，传授武式太极拳，可为同门之冠。固安公自青年起，习武参学行迹遍冀、豫、鄂诸省，后根据师承和数十年揣摩编撰了武式太极拳新架、太极对刺枪和太极棍等功法，结合其棍法研制了藤蛇棍为专用器械。在晚年又以毕生所学，取太极、形意、八卦、查拳等拳术之技击精华，按照太极拳之要领创编了武式太极长拳，演练时刚柔相济、快慢相间，深受广大青少年欢迎和喜爱。陈固安老师爱惜高连成为人质朴而又聪颖善悟，好学广纳而又刻苦专攻，堪为大器，遂倾囊而授。

陈公故去后，连成先生为了进一步提高，秉师遗命继而师著名太极拳家、拳史学家、太极拳理论家吴文翰（字润章）先生为师，继续深造、完善武式太极拳技，完整地学习太极拳老架以及拳理、拳史和研究方法等。文翰先生幼年拜李公圣端为师，习练武式太极拳，年轻时曾得李香远、王延久、范述圃、崔毅士等太极拳大家指导。吴老得意于儿时起从晚清文举仝斟泉夫子研读经史，文功坚实，“文革”前就开始着意搜集太极拳有关理论史料，积累十余载始动笔对歌诀、拳论注释译白，至今仍挖掘、研究、笔耕不辍，已发表论文数百篇，又著有四五十万言的《武派太极拳体用全书》，颇多论述、成果已成为指导拳人特别是晚辈后学之导航，享有“武林一支笔”的美誉。

高连成先生习拳数十载，受益于新中国之安定年代；蒙恩于二位名师之悉心栽培，拳友、学生之热情帮助，本已实属难得，又有承袭广府、地近陈沟的参学方便，可谓天时、地利、人和俱全，是为拳人羡慕的幸事。连成先生由于自身揣摩、研学孜孜不断，努力不懈，认真精益拳技，用理论指导实践，以实践来验证和完善理论，逐步达到了体用结合，理论与技击结合的太极拳术水平。对于武式太极老架、新架、刀、枪、剑、棍、大杆等无不娴熟，走架深具武派外示安逸，内固精神的气势；打手普现武派之神秘莫测的技艺，精于发放之功。其不仅通达武派太极系列技艺，对于心意拳、八卦拳、查拳、中国式摔跤也颇多研究。

改革开放以来，高连成老师就积极参与武术活动，多次出任郑州铁路局、郑州铁路分局的武术、摔跤、散打教练，并多次参加全国铁路系统、各省（市）及国家级武术比赛，拳、刀、剑、棍均曾搏得奖牌。在1986年全国铁路系统六运会上获得中国式摔跤季军；同年带领郑州铁路局获得全国“少林杯”散打比赛团体季军；1992年郑州传统武术比赛获太极拳冠军；1993年获得郑州国际少林武术节拳术优秀奖；1995年获永年国际太极拳年会太极棍银奖；1996—1998年连续在陈沟国际太极拳年会武派太极拳项目上捧金；2006年获得第二届世界武术节大赛拳、械银牌奖。

进入中年后的高连成遗憾于旧时武式太极拳先哲由于时代局限课徒授拳甚少的影响，加之许多老拳家相继谢世，且师长已界颐养天年之期，深感发扬武式太极拳的重任应落于彼辈肩膀，从而发愿继承师志、哺育后人。近年来培养弟子、学人数千，多名于高等学府武术专业榜上有名，或进入武警、公安系统执教，学人中颇多在各级武术、散手、推手等比赛中夺金捧银者。1997年以来，六次应全日本太极拳协会前野慈作会长邀请赴日讲学，开启武式太极拳展示、传入东瀛之先河，广播武式太极拳威名于世界。

现高连成老师虽已年过花甲，仍身强体健、精力充沛，精神气力常让弱冠而立之人自愧不如，说手时收放如持扇，讲学时则深刻醒人。高连成老师曾多次被中国温县、中国永年、珠海、武当山等国内重大武术活动和国际太极拳年会邀请，作为太极拳名家进行表演与讲学。2002年被中国永年太极拳联谊会授予功勋杯，2006年5月作为武式太极名家参加了在江苏马鞍山召开的第三届全国太极拳名家研讨会，参加名家的专场表演。先后被《少林与太极》杂志评为优秀作者、中国温县国际太极拳年会优秀论文作者，在全国各大武术杂志发表多篇论文，将武派太极拳、剑、刀、三十六枪、三十六棍、打手等整理发表。2004年3月份由人民体育音像出版社与广州俏佳人公司联合制作出版了由高连成主讲，弟子勾强、高剑、朱宏兴参加录制的武派太极拳光盘，计拳架、刀、枪、剑、棍、功法、推手、古传“短打法”等十一部分，共二十五碟。2008年编著《武派太极技击术》一书由山西科学技术出版社出版。近年来连成先生的出书立著极大丰富了太极拳爱好者的学习内容，实为有真知灼见而无私于拳人的作品。其人须入当代拳界继承全面而发展尤佳的难得人才之行列。

目录

第一章　武式太极拳述要

武式太极拳发源于清咸丰初，创始人武禹襄（1812—1880）及传人李亦畬（1832—1892）、李启轩均系望族儒生，罕于传艺，至三世郝为真（1849—1920）始广传于世，故旧时亦称为郝派太极拳。

武式太极拳是最早形成的文人化的太极拳，是太极拳从技艺型向学术和技艺型转变的肇始。武禹襄与兄长澄清（1800—1884）、仲兄汝清（1803—1887）及李氏昆季都写出不少脍炙人口的太极拳论，膏馥了众多太极拳家，为拓展太极拳研究领域，提高太极拳的社会地位，使之迅速走向世界奠定了良好的理论基础。

武禹襄远法王宗岳，近师陈清平，本诸实践心得创编出一套融技击、健身、养性为一体的太极拳势和刀杆练习套路，把打（推）手衍化为进退各三步半的活步打手。他创编的拳势组织缜密，法度严谨，式简技繁，用法精敏。走架打手强调用意，招式变化须有折叠，走化蓄发妙在腰隙抽掣，拳风质朴爽朗，外则柔和渊懿，内则坚劲雄直，含阳刚于阴柔之中，寓雄奇于淡远之内，形成了“简洁缜密，术法分明，古朴典雅，端庄洒脱”的独特风格，别具神韵。

武禹襄忠于继承，勇于创新，师前贤心法，不拘泥古人步迹，从拳理拳法到刀杆运用，一帜卓树，蔚然成家，形成一家有完整体系的太极拳学派。百余年来在众多传人的辛勤耕耘下，河北、河南、山西、辽沈、浙闽、川甘、湘赣、两广、京、津、沪、宁等地乃至英、美、法、日等国家和地区多有习者。

第二章　武式太极拳的身法要求

武式太极拳和技击术是建立在身法基础上的，在内是精、气、神，在外是手、眼、身、步，内外的高度统一和协调配合，才能周身一家，达到劲整气实。身法是培养内气（功）的前提保证，是产生内劲的关键。身法正确，每一动合乎法度，久习才能劲韧、骨沉、气力倍增，所以鼻祖武禹襄提出《身法八要》：提顶，吊裆，涵胸，拔背，松肩，沉肘，裹裆，护肫；到四世郝月如先生又增加了：腾挪，闪战，尾闾正中，气沉丹田，分清虚实。延传至今天，成为习练武式太极拳必须遵守的身法准则，照此练习才能获得真正的太极拳艺。为方便习练者研习参考，将以上身法要领浅释如下。

1. 提顶：虚虚领起之意，头领，脊骨竖起，神贯于顶，提挈全身，周身运转，轻利便捷。

2. 吊裆：头顶至尾骨似有一线相连牵，尾骨前上有收起之意，敛臀，收肛，两腹裹合，胯根放松内收。能提顶吊裆，周身自然中正安舒，八面支撑。

3. 涵胸：胸部放松，两肩胛骨微向内合，似含一球。胸部不可前挺，也不可后缩，锁骨、胸骨、肋骨肌肉都有自然松沉下降之感。能涵胸，才能以心行气，呼吸畅通。

4. 拔背：大椎头领劲，脊骨竖拔，背部肌肉有向左右展拓之意，中间脊骨有鼓起之意。能涵胸拔背，才能“力由脊发”。

5. 松肩：肩关节不可上耸，也不可前收过紧，避免僵滞之病。两肩自然放松，运转灵活，则气自然下沉，如此才能神聚劲蓄，腋虚臂圆，两臂富有弹性，着力能够圆活能制人，则不受制于人。

6. 沉肘：以意导气行于两肘，肘关节常有下沉坠落之意，才能肩松臂虚，掌腕灵活。两肘圆撑，既可护体，又可以肘击人，松肩与沉肘是相应的，能松开肩，肘自然下沉，气自然能沉得下。

7. 裹裆：两腿屈膝，重心下降，两膝两胯有内合之意，桩步自然稳健。但无论何种桩步，都不可做得太过，过则形成尖裆、夹裆，使桩步不稳。

8. 护肫：气向下沉，两肋收敛，既能蓄劲，又能承受外力击打。裹裆是下护其裆，护肫是上护己身，两手护其面，两肘护其胸肋，无论推手、散手始终守中、用中、护中，不可须臾懈怠。

9. 腾挪：静中求动，不动则有预动之意，身、手、足继有预动之势，气势腾挪，进退转换皆宜。

10. 闪战：身、手、足凝聚一家，突然转换，一气呵成，势如放箭，发劲迅如闪电。

11. 尾闾中正：尾骨与下颌保持上下一线，尾骨向前托起小腹，自然立身中正。前进、后退、左旋、右转，尾骨为舵，眼神射向何处，身向何处转，力向何处发，尾骨就直射何处。

12. 气沉丹田：走架演势时，周身放松，以意送气，能做到提顶吊裆，涵胸拔背，松肩沉肘，裹裆护肫，重心下降，下盘稳固，呼吸深长细匀，自然能气沉丹田。

13. 虚实分清：武式太极以虚实开合为要，每一处都要分清虚实，运动中两手、两足亦然。其根在脚，两足必须分清虚实。虚非全然无力，着地点要有腾挪之势，虚脚与胸有相系相引之意；实非全然站煞，精神贯于实股，支撑全身，要有上提之意。虚实分清，能制人而不受制于人。

第三章　武式太极拳传统架一百零八式图解

一、武式太极拳传统架特点

武式太极拳，简洁紧凑，有“干枝老梅“之称。其路简劲捷，两手各护一边，各司其职，不相逾越，靠内气潜转，支配外形，整进整退，形不妄动，无论盘架还是推手，都严守身法。一贯主张以轻、灵、松、软、外柔、内刚八字诀的要求为主，柔而不散，刚而不滞，时阴时阳，虚实刚柔，运用变化非常圆活，如环无端，活泼无拘。

整个套路，先易后难，循序渐进，繁简适当，重点突出。行功走架立如平准，活似车轮，中正安舒，支撑八面，两手护中用中，前伸不过足尖，后屈肘不贴肋，左右相系，上下相随，三环九折，节节贯通。强调用意不用力，内固精神，外示安逸，调理阴阳，内外双修。拳势起承转合，贯穿一气，上可至顶，下可至踵。蓄发，开合，收放，一身五弓，一弓开，弓弓开，发劲松静，专注一方，“蓄劲如张弓，发劲似放箭”。

武式太极拳在长期发展过程中，形成了拳势与理法高度一致，简捷缜密，术法分明，古朴典雅，端庄洒脱的独特风格。

二、武式太极拳传统架一百零八式拳式名称

1. 无极势　　2. 左懒扎衣

3. 右懒扎衣
4. 单鞭
5. 提手上势
6. 白鹤亮翅
7. 左搂膝拗步
8. 左手挥琵琶势
9. 左迎面掌
10. 右搂膝拗步
11. 右手挥琵琶势
12. 右迎面掌
13. 左搂膝拗步
14. 上步搬揽捶
15. 如封似闭
16. 抱虎推山
17. 退步懒扎衣
18. 单鞭
19. 提手上势
20. 回身白鹤亮翅
21. 肘底看捶
22. 左倒撵猴
23. 右倒撵猴
24. 左倒撵猴
25. 右倒撵猴
26. 提手上势
27. 白鹤亮翅
28. 左搂膝拗步
29. 左手挥琵琶势
30. 舒身按势
31. 青龙出水
32. 风摆荷叶
33. 三涌背
34. 单鞭
35. 左纭手
36. 右纭手
37. 单鞭
38. 提手上势
39. 左高探马
40. 右起脚
41. 右高探马
42. 左起脚
43. 转身蹬脚
44. 践步打捶
45. 翻身二起脚
46. 左伏虎势
47. 右伏虎势
48. 巧捉龙
49. 披身踢脚
50. 转身蹬脚
51. 喜鹊登枝
52. 上步搬揽捶
53. 如封似闭
54. 拗步飞仙掌
55. 右懒扎衣
56. 斜单鞭

57. 左野马分鬃
58. 右野马分鬃
59. 左野马分鬃
60. 迎门靠
61. 右懒扎衣
62. 单鞭
63. 上步飞仙掌
64. 左玉女穿梭
65. 转身玉女穿梭
66. 上步玉女穿梭
67. 回身玉女穿梭
68. 退步懒扎衣
69. 单鞭
70. 左纭手
71. 右纭手
72. 单鞭
73. 下势
74. 左更鸡独立
75. 右更鸡独立
76. 左倒撵猴
77. 右倒撵猴
78. 左倒撵猴
79. 右倒撵猴
80. 提手上势
81. 白鹤亮翅
82. 左搂膝拗步
83. 手挥琵琶势
84. 俯身按势
85. 青龙出水
86. 风摆荷叶
87. 火焰钻心
88. 单鞭
89. 左纭手
90. 右纭手
91. 单鞭
92. 扑面掌
93. 高探马
94. 对心掌
95. 十字腿
96. 上步指裆捶
97. 右懒扎衣
98. 白蛇吐芯
99. 回身下势
100. 上步七星
101. 退步跨虎
102. 转身摆腿
103. 弯弓射虎
104. 双抱捶
105. 拴马势
106. 退步懒扎衣
107. 十字手
108. 合太极

三、武式太极拳传统架一百零八式拳式图解

第一式 无极势

动作：演示者面南背北而立，两足平行与肩同宽。头顶上悬领起全身，面部端庄自然，目平视，颌微收，牙轻叩，舌顶上腭，呼吸自然，深长细匀，颈项松竖，头正身直，肩松臂垂，腋下虚空，肘部微撑，胸部不挺不凹，舒展放松，脊骨垂直，尾闾正中，胯根微收，臀部前送，裆部空虚，双膝里合，以意引导，气向下沉，落地生根。（图 3–1）

要点：做到心静、体松、呼吸自然。

图 3–1

第二式 左懒扎衣

动作一：两腿屈膝下蹲，尾闾松沉；同时，两臂屈撑向腹前合拢，掌心斜向下，双目前视，意欲左旋打掤（图 3–2）。

动作二：重心移至右腿，落胯屈膝踏稳，左足尖虚点向左拧旋，右足涌泉右旋，尾闾与右足跟虚虚对正；同时，上体左旋 45°斜角，两臂左上右下自腹前向左上

图 3–2

方掤起，两掌侧立，掌心相向，左掌高不过肩，右掌高同右肘，左掌与鼻尖、左足“三尖相照”；目光引左臂上掤，意在左臂外关穴和右掌劳宫穴，下与右足相应；面向东面（图 3–3）。

动作三：右腿松沉踏稳，左胯根微向内抽；左掌微内旋，松肩沉肘，掌根下塌，左足轻轻向前铲去，脚掌落地踏实，右足踏地，右腿自然伸展，上体随腰胯微左旋，尾闾前送，成左弓步；同时，双掌内旋，掌心侧向前，左上右下，随上体前移徐徐向前挤去，左掌高与鼻齐，右掌高同左肘；双目注视远方落放点处（图 3–4、图 3–5）。

图 3–3

图 3–4

图 3–5

动作四：右膝略移与足尖对正，身体重心缓缓后移、右腿落胯屈膝坐实，尾闾与右足踵对正，左腿自然舒伸，成后坐步；同时，左胯根微抽，左掌内旋掌心向下，自上顺左腿捋回，至左胯前；右掌同时内旋掌心向下按至右胯前（图 3–6）。

接上势，胸腹微合，双手划弧上提至胸部，掌心向前下，然后右足蹬地，左腿前弓，重心前移，双掌徐徐前按，合于胸前，高与肩平，掌心略向前，两劳宫有相互吸引之意；同时，右足跟步至左足踵后侧，足尖点地，右膝与左膝弯似挨不挨，两足成三角形；目前视，有意远劲长之势（图 3–7）。

图 3–6

图 3–7

要点：懒扎衣以动静两势，举动轻灵，松空圆活，周身协调，尾闾正中，神聚气敛，重于起、承、开、合，发力源于腰脊，劲贯四梢，曲中求直，蓄而后发，以意导动，以气运身，以身催手，一引即发，化劲松静，发劲脆整，吞吐变化，合而即出。所谓化劲轻松柔和，发劲刚健有力，身灵步活，虚实分明，刚柔相济。

第三式　右懒扎衣

动作一：右足向右微移，足尖点地，松肩沉肘，双掌下塌，意欲右旋打掤（图 3–8）。

动作二：以左足踵、右足尖为轴，身体向右旋转约90°，尾闾与左足踵对准，左腿屈膝踏稳，右足尖点地，成右虚步；

同时，两臂微屈，右上左下向右斜掤，两掌侧立，掌心相向，右掌高不过肩，左掌高同右肘，右掌与鼻尖、右足“三尖相照”；目光引双臂右掤，意在右臂外关穴和左掌劳宫穴，下与左足相应；面向西南（图 3–9）。

图 3–8

图 3–9

动作三：左腿松沉踏实，右胯根微向内抽；右掌微内旋，松肩沉肘，掌根下塌，体重落于左腿，左腰胯托起右腰胯，右膝似线上提，右足轻轻向前铲出，脚掌落地踏实，左足蹬地，右腿自然舒伸，上体随腰胯微右旋，尾闾前送，成右弓步；同时，双掌内旋，掌心略向前，右上左下，随上体前移徐徐向前挤出，右掌高与鼻齐，左掌高同右肘；双目注视远方落放点处（图 3–10、图 3–11）。

动作四：左膝向左略移，与足尖对准，身体重心缓缓后移，左腿落胯屈膝坐实，尾闾与左足踵对正，右腿自然舒伸，成后坐步；同时，右胯根微抽，右掌内旋，掌心向下，自上顺右腿捋回，至右胯前；左掌同时内旋掌心向下按于左胯前（图 3–12）。

接上势，胸腹微合，双手划弧上提至胸部，掌心向前下，然后左足蹬地，右腿前弓，重心前移，双掌徐徐前按，合于胸前，高与肩齐，掌心略向前，两劳宫有相互吸引之意；同时，左足跟步至右足踵左后侧，左足尖点地，左膝与右膝弯似挨不挨，两足成三角形；眼神随双掌前按，向远方落放点处注视，有意远劲长之势（图 3–13）。

要点：同第二式左懒扎衣。

图 3–10

图 3–11

图 3–12

图 3–13

第四式　单鞭

动作一：左足向右足后微移，足尖点地，松肩沉肘，双掌如扶物状，微向下按，意向左旋。

动作二：以右足踵、左足尖为轴向左拧旋，带动上体旋转90°，左足尖向东，右足尖向东南，成左虚步；同时，随身体左转，双掌微俯，略向内合，手领眼随；定势时目光平视，面向东南（图3–14）。

动作三：身体松沉，右足踏实，左胯微向上抽，右腰胯托起左胯；左膝似线上提，左足向前轻轻铲出，足踵落地踏稳；目视东方远处（图3–15）。

动作四：左足松沉落平，左腿弯弓，右足蹬地，上身左旋，尾闾落远，重心前移，成左弓步；同时，左臂内旋、左掌坐腕前按，掌心侧向前，高不过口，左掌与左足要上下相合，上与鼻尖，“三尖相照”；右掌向右掤出，与肩同齐，右腿前蹬和左掌一气贯穿；双目注视远方落放点，面向东方（图3–16）。

图3–14

图3–15

图3–16

要点：定势时提顶吊裆，裹裆护肫，气沉丹田，涌泉松沉，两足踏稳，落地生根，意贯右掌劳宫，劲达指尖，前手似龙头，后手如龙尾，舒展中求紧凑，气势逼人，卓尔不凡。

第五式　提手上势

动作一：左足向右拧旋，足尖冲南落平，带动腰、胯、身同时向右旋转；随身体右旋，左臂内旋向上划弧移于头部左前方，掌心斜向外，手指斜向上，松肩沉肘，臂圆撑；右掌下落至右胯侧，掌心向下，臂呈圆弧形；面向南方（图 3–17）。

动作二：身体微向右旋，右足尖点地，成右虚步；同时，左臂划弧下落，右臂划弧上提，双臂合于腹前，左掌竖立，掌心侧向前，右臂环抱，掌心朝里；右足、左掌、鼻尖“三尖相照”，目光逼视远方，有前挤之意（图 3–18）。

图 3–17

图 3–18

要点：该式双臂回环，要气势饱满，拳势运作要“中正安静，八面支撑”，提手动作，随屈就伸，八法暗富，刚柔相济。

第六式　白鹤亮翅

动作一：接上式，左足涌泉微向右旋，上体右转；同时，双臂外旋，掌心向内，右掌自腹部向上提起至胸，左掌置于右前臂内；目向前视，面向西南（图 3–19）。

动作二：左腿屈膝坐稳，右膝上提，右足向前轻轻铲出；同时，右臂边外旋边向上弧形掠起，至额前上方，掌心侧向右后；左掌置于右肘内侧；目视前方（3–20）。

动作三：左足蹬地，上体微右旋，右足蹬稳，重心前移，尾闾前送，成右弓步；同时，双掌内旋，掌心略向前，右掌向右划弧，停于右额前上方，左掌坐腕前按，高与胸齐，两掌虎口遥遥相对，鼻与右足、左手“三尖相照”；目视远方落放点（图 3–21）。

图 3–19

图 3–20

图 3–21

动作四：左膝向右略移，与左足对准，左腿胯根内收屈膝坐稳，身体重心缓缓后移，右腿自然舒伸，成后坐步；同时松肩沉肘，双臂微向里合，掌根下塌按于腹前；目向前视（图3-22）。

上势不停，胸腹内含，双掌微向外划弧上提至胸部，掌心斜向前下，左足蹬地，右腿前弓，重心前移，双掌坐腕徐徐按出，合于胸前，高与肩平，掌心略向前；同时，左足向前跟至右足踵左后侧，足尖点地，左膝与右膝弯似挨不挨，两足呈三角形；目向前视，有意远劲长之意（图3-23）。

图3-22

图3-23

要点：鹤有展翅飞翔之能，一鹤冲天之势，两翅弹抖，爆发力强。舒展中寓紧凑，紧凑中求舒展，运势要严守提顶吊裆，松肩沉肘，裹裆护臀，尾闾前送，夹脊后鼓的身法。

第七式　左搂膝拗步

动作一：左足移至右足后，足尖点地，以右足踵为轴，身体向左旋转约135°；同时，两臂放松随身体左旋，右腿落胯屈膝踏稳，身体接向右微旋，两臂随身体弧形上提，右掌上掤于面前，掌心向里，指尖朝前，左掌随之屈肘上截与右掌相合，掌心向外，指尖向右上，双肘松垂；目视左前方（图 3-24）。

动作二：右腿松沉，随之右胯托起左胯，左膝上提，足尖上屈，向东北方轻轻铲出，脚掌落下踏实，右足蹬地，右腿自然伸展，上体左旋裹裆，成左弓步；同时，左掌弧形下搂于左膝外侧，掌心向下，指尖向前，肘微外撑；右臂松肩沉肘，以中指领劲，内旋坐腕立掌向前按去，高与口平；目视远方落放处，意在右劳宫，面向东北（图 3-25）。

图 3-24

图 3-25

动作三：右腿落胯屈膝踏稳，身体右旋重心移于右腿成后坐步；同时，右掌内旋，掌心向外，屈臂向右斜捋，左掌随之，两掌右上左下于面前落止（图 3-26）。右腿向下松沉，左胯根内收，尾闾带动身体左旋，双掌顺势向左下引化，至面向东北，双掌止于两胯前，目光引导双掌右捋左引；目视前方（图 3-27）。接着右足蹬地，左腿前弓，重心前移，双掌徐徐按出，合于胸前，高与肩平，掌心略向前，同时，右足跟步至左足右后侧，足尖点地，右膝与左膝弯似挨不挨；目向前视，有意远劲长之势（图 3–28）。

图 3–26

图 3–27

图 3–28

要点： 搂膝拗步，源于腰脊，劲贯四梢，步随身换，劲力整脆，运作要上下相随，协调细腻，寓轻灵圆活于松静沉稳之中，体现出“立如平准，活似车轮”的风采。

第八式　左手挥琵琶势

动作一：右足提起后退，落膝屈膝踏稳，重心移至右腿，左腿随动收回，足尖向东点地，成左虚步；身体同时向右微旋，右臂随身动右旋回收至腰前右方，掌心向上，腕部松沉，下与右足相合；左掌外旋随左足收回，上提至腹前，掌心向里（图 3–29、图 3–30）。

动作二：右足涌泉向左拧旋，身体微向左旋，左足铲地蹬出，足踵着地，成右后坐步；左掌自腹前向左上挥出，掌心向右，高与口平；右掌内旋，掌心向左，上提与左肘同高，拇指与心口平齐，左掌与左足“三尖相照”；面向正东，目平视前方（图 3-31）。

图 3-29

图 3-30

图 3-31

要点：本式外示安逸，内隐杀机，右旋左转，下落上翻，外挥内合，如旋风般旋卷挥出，打出伸缩自如的挥劲。

第九式　左迎面掌

动作一：右足涌泉右碾，身体右旋，成左虚步；随身体右旋，双臂外旋，左掌向右肩窝掩裹，右掌沿左臂外侧抄起，掌心向右后拧旋，指尖向上，置于右额上方，下与右足相应，左掌贴于右前臂内侧，掌心向里；目视右掌，面向东南（图 3-32）。

动作二：右腿松沉，涌泉左旋，左足向东北方轻轻铲出，足踵着地，脚掌再落地踏稳，右足蹬地，身体左旋，尾闾前送，两股裹合，成左弓步；同时，双掌内旋，左掌自胸前向左膝前下塌，掌心向下，右臂松肩沉肘，坐腕立掌向左前方按出，有上挫之势，高度与鼻平；意在右劳宫，双目注视远方落放点，面向东北（图 3-33）。

图 3–32

图 3–33

要点：两掌上抄，意向上升，伸缩自如，重心不可上升，要自然协调。向前按挫发劲，要气势下沉，劲远意长。

第十式　右搂膝拗步

动作一：左足尖微向里扣，落胯屈膝踏稳，右足尖虚点于左足前，成右虚步；随之身体微向右旋，同时，右臂外旋自下向左上划弧上掤停于面前，掌心向里，指尖向前；左掌向下、向外再向上，双肘松垂；目视左掌，意在左掌外关穴(图 3–34)。

动作二：左腿松沉，左胯微收，右足尖铲出，足踵着地；同时，右掌下落轻按于腹前，掌心向下，指尖向左；左掌微上提，掤于右太阳穴处，掌心向里，指尖向前；目视前方（图 3–35)。

动作三：接前势，左足蹬地，身体右旋，尾闾前送，两股靠拢裹裆，成右弓步；同时，右掌随身体右旋，向右膝前划弧下搂，护于右膝外侧，掌心向下，指尖向前，肘部微撑，与左掌呼应；左臂松肩沉肘，中指领劲，内旋坐腕立掌向前按去，五指微展，掌根外吐，高与口平；目视远方落放点，意在左劳宫，面向东南（图 3–36）。

图 3–34

图 3–35

图 3–36

动作四：左足涌泉左旋，身体随之左旋，重心后移，左腿落胯屈膝踏稳；同时，左掌内旋，掌心向外，屈臂向左上斜捋，右掌随之，两掌左上右下，至面前止（图 3–37）。接着左腿再次松沉，右胯根内收，身体右旋，双掌向右下引化，至面向东南方，两掌止于胯前，掌心向下；目光随两掌左捋右引，定势目光前视（图 3–38）。接着左足蹬地，右腿前弓，重心前移，双掌徐徐按出，合于胸前，高与肩平，掌心略向前，两劳宫相互吸引之意；同时，左足跟步至右足左后侧，足尖点地，左膝与右膝弯似挨不挨；目向前视，有意远劲长之势（图 3–39）。

要点：本式要着重“欲右先左，欲左先右，欲上先下，欲下先上”的身法，其他同左搂膝拗步。

图 3–37

图 3–38

图 3–39

第十一式　右手挥琵琶势

动作一：左足提起后退，足尖向东北，左腿屈膝踏稳，右腿收回，足尖点地向东，成左虚步；同时，身体向左微旋，左臂随身体外旋回收至腰前左方，掌心向上，腕部松沉，下与左足相合；右掌外旋随右足回收，自下而上提至腹前，掌心向里（图 3–40、图 3–41）。

图 3–40

图 3–41

图 3–42

动作二：左腿不动，左足涌泉向右拧旋，尾闾带动身体右旋，右足铲地蹬出，足踵着地，尾闾与左足踵对正；同时，右掌自腹前向右上挥出，掌心向左，高与口平；左掌内旋，掌心向右，上提与右肘同高，拇指对向心窝，鼻尖、右掌与右足尖“三尖相照”；面向正东，双目向前平视（图 3–42）。

要点：同左手挥琵琶势。

第十二式　右迎面掌

动作一：左足涌泉左碾，身体左旋，右足回收，足尖点地，成左虚步；同时，双臂外旋，右掌向左肩窝处掩裹，左掌自右臂外侧向上抄起，掌心向左后拧旋，指尖向上，置于右额上方，右掌贴于左前臂内侧，掌心向里；目视左掌（图 3–43）。

动作二：左足涌泉右旋，右足轻轻向东南方铲出落地，左足蹬地，身体右旋，尾闾前送，落右胯，送左胯，两股裹裆，成右弓步；同时，双掌内旋，右掌自腹前向右膝前下塌，掌心向下；左臂松肩、沉肘、坐腕、立掌向右前方按出，五指微展，掌根吐劲，高与鼻平；意在左劳宫，面向东南，双目注视远方落放点（图 3–44）。

要点：同第九式左迎面掌势。

图 3–43

图 3–44

第十三式 左搂膝拗步

动作一：右足向左拧旋，带动身体左旋约 45°，右腿落胯屈膝踏稳，左足上步至右足左前方，足尖点地，成右虚步；右掌外旋自腰弧形上提至右脸颊处，掌心向内，指尖向前；左掌停于胸前，掌心向右，护住中线；面向东方，目向前视（图 3–45）。

动作二：接上势，右腿松沉坐稳，涌泉拧钻左旋，左足轻轻向东北方铲出，足跟着地，右足蹬地，左足落地松沉踏稳，重心前移，成左弓步；同时，左掌随身体左旋，自胸前向左膝弧形下搂，护于左膝外侧，掌心向下，指尖向前，肘微外撑；右掌立掌向前按去，掌根吐劲；高与口平，目视前方，意在右劳宫，面向东北（图 3–46、图 3–47）。

要点：同第七式左搂膝拗步。

图 3–45

图 3–46

图 3–47

第十四式　上步搬揽捶

动作一：左足里扣约 45°，带动腰、胯、身右旋；同时，右掌右移，掌心侧向前；左掌左展，掌心向下；面向东南方，目视右掌（图 3–48）。

图 3–48

动作二：左腿落胯屈膝踏稳，腰胯先略左旋再右旋；右掌握拳，以肘为轴，随腰胯旋转之势，自中线左下向右上划一圆弧外搬，拳心向上，劲点在桡骨处；同时，右腿屈膝提起向前踏出；左掌自左后向上、向右前方划一圆弧按于右拳之前，掌心向下；目向前视（图 3–49—图 3–51）。

上势不停，右腿前弓，成右弓步；同时，右肘微张，右拳后抽，拳心向上，虎口朝右，止于右肘前；左掌坐腕立掌随身前按，掌心侧向前；面向东南；目视前方，意在左掌小鱼际处。此为“搬法”（图 3–52）。

动作三：右足里扣约 45°，带动胯腰身右旋，右腿落胯屈膝坐稳，左足上步至右足前，足尖点地，成右虚步；同时，左掌随身动边内旋边向左下拦截，虎口朝下，掌心向左；右臂向外微张；面向东方，双目前视，意在左掌劳宫（图 3–53）。

图 3–49

图 3–50

图 3–51

图 3–52

图 3–53

上势不停，右腿松沉踏稳，体微右转；同时，左臂先内旋后外旋自左下划弧向胸前拦截，掌心向下，劲点在左前臂；右拳外旋提于腹前，拳心向里；目光随左掌下揽注视前方目标。此为“揽”（图 3–54）。

动作四：左足轻轻向前铲蹬，足踵落地，右足蹬伸，成左弓步；同时，左掌随体前移略向内旋，右拳上提至胸自左腕向前打出，高与胸平，拳背斜向上，右拳握紧，意在右拳，鼻尖、左弓步要“三尖相照”，接着右足跟步至左足右后侧，呈三角形，打追劲之意；面向东方。目视远方落放点（图 3–55、图 3–56）。

图 3–54　　图 3–55　　图 3–56

要点：搬揽捶先搬后揽，层次清楚，变化丰富，攻防兼备，“捶由心生，拳随意发”；发力如泉涌，似皮燃火，一发即至。

第十五式　如封似闭

动作一：右膝向右略移，与右脚尖虚虚对准，身体重心后移，右腿松胯坐稳，尾闾与右足踵对正，左腿自然舒伸；同时，左掌外旋沿右臂下前掤，掌心向内，下与左足对正；右拳微向左移，松开变掌外旋回于右腕尺骨处，掌心向内；面向东方，双目前视，意在左腕桡骨处（图 3-57）。

动作二：右腿松沉踏稳，左足收回虚点，成左虚步；同时左掌回收，胯根内吸，边内旋边向左下捋采，右掌同时内旋下按，双掌停于腹前，掌根下塌；目向前视（图 3-58）。

动作三：左足轻轻向前铲出，足踵落地，右足蹬地，尾闾前送，重心前移，右足掌落地踏稳；同时，双掌上提，徐徐推出；右足跟至右足踵右后侧，足尖点地，右膝与左膝弯似挨不挨；目视远处落放点（图 3-59、图 3-60）。

图 3-57

图 3-58

图 3-59

图 3-60

要点：“封”是逢迎以自固，“闭”系前进以逼敌。人进我退，封有“引进落空之妙”，彼退我攻，闭合“合即出”之威，化发自如，阴阳相济。两掌发力，劲在腰攻，刚柔并举，协调完整，闪开正中定横中。

第十六式　抱虎推山

动作一：右足提起移至左足踵后，足尖点地，以左足踵，右足为轴，向右后拧旋，身体后转约 180°；同时，右肘向右微张；左掌外旋向上扬，指尖向上，掌心向右；目光随右掌上扬，面对西方（图 3–61）。

动作二：左腿屈膝坐稳，身体微右旋，右足向右前西北方迈出，落地踏实，蹬左腿，成右弓步；随重心前移，右掌自胸前向右膝前按去，护于右膝右侧，掌心向下，指尖向前；左掌微扬，掌心向右；双目前视，面向西北。（图 3–62）。

动作三：右足踏稳，左足向前迈，弓左腿，蹬右腿，成左弓步；同时，左掌顺左足方向劈下，接着松肩沉肘，微向前推，高与口平，掌心侧向前；右掌配合左掌下劈前推之势内旋回采于腹前右侧，掌心向下；目光注视落放点（图 3–63）。

图 3–61

图 3–62

图 3–63

要点：“抱”者，缚也，控制之意，不必强做搂抱解；“推”者，撼也，掷放之意，不必强做推移解。运势意动身随，步法多变，灵活连贯，婉转自然，协调合拍，一气呵成。

第十七式　退步懒扎衣

动作一：接前式，重心右移，右腿屈膝踏稳，同时重心后移，左腿自然舒展，收回足尖点地；随身体重心后移，右掌内旋掌心向下缓缓捋回。接着松右胯，腰右旋再向左旋，在身体带动下，右掌自右后向上划一圆弧向胸前按出，掌心向左，高与口平；目视右掌，仍向西北方（图 3–64—图 3–67）。

图 3–64

图 3–65

图 3–66

图 3–67

动作二：左腿松沉踏实，左胯托起右胯，右腿似线上提，右足轻轻向前铲平，脚掌落下踏稳，左足蹬地，体右旋，尾闾前送，落胯裹裆，成右弓步；同时，双掌内旋，掌心略向前，右上左下，随身体前移徐徐向前挤出，右掌高与鼻齐，左掌高同右肘；双目注视远方落视点（图 3–68）。

动作三：左膝向右略移，与足尖对正，左腿落胯屈膝踏稳，右腿自然舒伸，成后坐步；右胯根微向回抽，右掌内旋，掌心向下，自上顺右腿捋回，至右腹前，左掌同时内旋，掌心向下按至左腹（图 3–69）。

接上势，胸腹微含，双手上提至胸前，掌心向前下，双掌徐徐按出，高与肩平，掌心略向前；同时，左足蹬地，右腿前弓，重心前移，左足跟步至右足左后侧，足尖点地，左膝与右膝弯似挨不挨；眼神注视远方落脚点（图 3–70）。

图 3–68

图 3–69

图 3–70

要点：上式抱虎推山旋身前进，懒扎衣是撤步后退，步随身换，双掌如环，务要配合协调，立身稳定如平准，肩膀旋转活似轮，灵活自然，浑然一体。

第十八式　单鞭

动作一：左足内扣 90°，松胯踏稳，松肩沉肘，双掌微向下按，意欲左旋（图 3–71）。

动作二：右足松沉落实，稳定重心，左胯微向上抽，右胯托起左胯，左足轻轻向前铲出，足踵着地；目视东方（图3–72）。

动作三：左足落平踏稳，左腿前弓，右足蹬地，身体左旋，重心前移，成左弓步；同时，左臂内旋坐腕前按，指尖向上，掌心侧向前，高不过口，左肘与左膝、左掌与左足要上下相合，左掌、左足与鼻尖成“三尖相照”；右掌同时向右掤出，与肩同高，掌心向前，指尖侧向上，下与右足尖相应，左掌右腿要贯穿一气；双目注视远方落放点，意在左掌劳宫，劲达指尖，面向正东方（图 3–73）。

图 3–71

图 3–72

图 3–73

要点： 本式单鞭回转是大幅度旋转约 220°动作时，要身体端正，裹裆护肫，开展中求紧凑，平淡中见神奇，动作时圆润舒畅，衔接自然，一气贯穿，浑然天成。

第十九式　提手上势

动作一：左足向右拧旋约 45°，足尖冲南方落平，同时身体右旋，右足收回轻轻上提，成左独立步，重心置于左腿；随身体右转，左臂内旋移于左额上方有下按之意；右掌内旋划弧下落至右胯前，掌心向下；面向南方（图 3–74）。

动作二：左腿松沉踏实，右足尖落下虚点；左掌下落至右腕上方，掌心侧内外，指尖向上；右臂上抬，右掌合抱至胸前，掌心向内，指尖向左；眼光注视左掌，意在蓄势（图 3–75）。

动作三：右足落平踏实，右腿前弓，左足蹬地，重心前移，成右弓步；同时，左掌下移至右掌大鱼际处相合，沉肘坐腕，双掌合力向前挤出，高与口平；目向前视落放点（图 3–76）。

图 3–74

图 3–75

图 3–76

要点：随身右旋，左掌下按，右掌自右下经胸前向右上划弧挥出，要气饱满，如风掀浪起，圆转如意。向前掷发，劲势如山。

第二十式　回身白鹤亮翅

动作一：以左足尖为轴，带动身体向左旋转约 135°，接着右足上步点于左足前，成右虚步；同时，左掌内旋左捋按于胸前，掌心侧向外，右掌外旋左移掌心向上，两掌左上右下如抱球状；目光引领身体左旋（图 3–77）。

动作二：上势不停，左腿落胯屈膝踏稳，右足足尖点地，成左虚步，接着左腿松沉，胯跟内收，身体微向右旋；同时，左掌外旋上掩于右肩之前，掌心向里；右掌下沉落于左胯之前，掌心向上；面向东南，目视东南方（图 3–78）。

图 3–77

图 3–78

动作三：左腿屈膝坐稳，右足轻轻铲出，身体微右旋；同时左掌下采于心窝处；右掌上掤，高与口平，掌心向里；目向前视（图 3–79）。

动作四：右足落平踏稳，右膝前弓，左足蹬地，重心前移，成右弓步；同时，右臂内旋上掤于右额上方，掌心向外，指尖向上；左掌内旋向前按出，掌心侧向前，指尖向上，高与口平，鼻尖、左掌、右足“三尖相照”；目视远方落脚点（图3–80）。

图 3–79

图 3–80

要点：本式身灵步活，以身带臂，乍合复展，如鹤舞长空，盘旋回转，振翅翱翔，悠然自得，潇洒自如，心意引形，意气飞扬的神韵。

第二十一式　肘底看捶

动作一：左腿微后移屈膝坐稳，身体左转，重心置于左腿，右腿收回、足尖点地，成左虚步；同时，右掌握拳屈肘外旋向胸前回掩，拳心向里，高与口平，下与右足相对；左掌右移，掌心粘于右肘里侧，有掩护之意；面向东方，目视右拳（图 3–81）。

动作二：左腿屈膝坐稳，右足前移，足踵着地，重心仍在左腿；胸腹微含，右拳里屈，顺胸前中线向前打出，拳心侧向右；左掌护于左肘里侧；微向东南，目向前视（图 3–82）。

动作三：接上势，重心前移，右腿屈膝踏稳，左足上步，成右虚步；同时，左手握拳外旋，自右臂外上穿击出，掌心向里，下与左足相合；目向前视（图 3–83）。

动作四：右腿松沉坐稳，涌泉左旋带动腰身左旋，左足尖轻轻向前铲出；左拳松开变掌，借身体左旋之势，以肘为轴内旋左捌，指尖向上，掌心侧向前；右拳顺势自左肘下击出，掌心向左后，上与左肘、下与右足相合；目光注视远方，有意远劲长之意（图 3–84）。

图 3–81

图 3–82

图 3–83

图 3–84

要点：肘底看捶，晃上打下，上下相随，有拳诀“双拳翻飞似流星，叶底藏花技法精”，双拳此起彼伏，顾打兼用，不僵不拘，灵活无滞。

第二十二式　左倒撵猴

动作一：右腿松沉，左足收回虚点，身体向右旋转；同时，右掌外旋自左臂外侧向右上方抄起，指尖向上，掌心向里，停于面前，下与右足相应；左臂屈肘外旋回掩，掌心附于右肘里侧；身向东方，目视右掌（图 3–85）。

动作二：右足涌泉左碾，左足向左后方“滑”出，足踵里扣，带动身体左旋，接着左足踏稳，重心移向左腿，右足跟步至左足踵右后，足尖点地，右膝与左膝弯似挨不挨；借身体左旋之势，左掌内旋自胸前划弧下按于左膝之前，掌心下扣，指尖斜向前；右臂松肩沉肘边内旋边向左前方按出，坐腕竖掌，指尖向上，掌根外吐，与鼻尖、左足“三尖相照”；面向东北，目视前方落放点（图 3–86）。

图 3–85

图 3–86

动作三：重心后移，右腿落胯坐稳，左腿自然舒展，成后坐步；右掌随身后移内旋下移至胸前，掌心向左；左掌外旋自左下划弧向胸前中线截拦，高不过口，两掌相合，左上右下，掌心相向，有夹击绞挫之意；目向前视（图 3–87）。

动作四：左胯根内收，带动左足回收，足尖点地，成左虚步；同时，双臂内旋下按，微向外分，掌根下塌，按于腹两侧，掌心斜向前下（图 3–88）。然后，左足尖轻轻铲出，足踵落地，足掌缓缓踏下，右足前蹬，重心前移，左膝前弓，左腿落胯屈膝踏稳，右足跟步至左足踵右后侧，足尖点地，右膝与左膝弯似挨不挨；同时，双掌前移徐徐向前按出，合于胸前；面向东北，目向前视（图 3–89）。

图 3–87

图 3–88

图 3–89

要点：本式以退为进，斜撤是为了得横，“闪开正中定横中”，击敌之侧，含退中寓进之意。合手则寓合先化，化中寓引，引之落空，沉势疾发，“引进落空合即出”之谓。

第二十三式　右倒撵猴

动作一：右足提起移至左足后，足尖点地，以右足踵、左足尖为轴，身体向右后转约 180°，左腿落胯，屈膝踏稳，两腿左实右虚，成右虚步；同时，右臂肘内旋下沉，顺右足之势回击，下与右足相合；左掌外旋，上掤于左耳前，掌心向里，两掌指尖微挨；目光顺右肘前注视，面向西南（图 3–90）。

动作二：右足轻轻向前铲出，重心前移，右腿屈膝踏稳，左足跟步至右足踵左后侧，两足呈三角形；同时，右掌内旋向右膝前划弧下塌，掌心微向前下，指尖斜向左；左掌内旋顺势向面前打出，指尖向上，掌心侧向前方，与鼻尖、右足“三尖相照”；面向西南，双目注视前方目标（图 3–91、图 3–92）。

图 3–90

图 3–91

图 3–92

动作三：重心后移，左腿落胯屈膝踏稳，右腿自然舒伸，成后坐步；同时，左掌内旋下按于腹前，掌心向右，右掌外旋向胸前拦截，高不过口，两掌右上左下，掌心相向，有绞挫之意；双目前视（图 3–93）。

动作四：右胯根内收，右足收回，足尖点地，成右虚步；同时，双臂内旋下按向外微分，掌根下塌，掌根斜向前下方，分按于腹前两侧（图 3–94）。接着右足轻轻铲出，着地后，右膝前弓，重心前移，右足屈膝踏稳，左足跟步至右足踵左后侧，足尖点地，成三足形；同时，双掌上提向前徐徐按出，合于胸前；面向西南，双目前视，有意远劲长之势（图3–95）。

图 3–93

图 3–94

图 3–95

要点：同第二十二式左倒撵猴。

第二十四式 左倒撵猴

动作一：接前式，左足提起移向右足跟右侧方，足尖点地，以左脚尖、右脚跟为轴，向左后方拧旋至面向西北方，身体左旋 270°；同时，左臂内旋，左肘下沉，顺势左击，下于左足相应；右掌外旋上掤至耳前，掌心向里，两掌指尖微挨；目光顺左肘向前注视（图 3–96）。

动作二：左足尖轻轻向前铲出落平，重心前移，左腿落胯屈膝踏稳，右足跟步至左足左后侧，膝有上顶之意，两足呈三角形；同时，左掌内旋向左膝前划弧下塌，掌心微向前下，指尖斜向右；右掌内旋顺势向前打出，掌心侧向前，指尖向上，与鼻尖、左足“三尖相照”；面向西北，双目视向前方(图 3-97)。

动作三：重心后移，右腿屈膝坐稳，左腿自然舒伸，成后坐步；同时，右掌下按于胸前，掌心向右；左掌外旋向胸前中线拦截，高不过口，两掌左上右下，掌心相向，有绞挫之意；双目前视（图 3–98）

图 3–96

图 3–97

图 3–98

动作四：左胯根内收，左足收回，足尖点地，成左虚步；同时，双臂内旋下按向外微分，掌根下塌斜向前下方，分按于腹前两侧（图 3–99）。接着左足轻轻铲出，着地后左膝前弓，重心前移，左腿屈膝踏稳右足跟步至左足踵右后侧，足尖点地，成三足形；同时，双掌上提向前徐徐按出，合于胸前，两劳宫有相互吸引之意；面向西北，双目前视（图 3–100）

图 3–99

图 3–100

要点：该式自第二十三式右倒撵猴面向西南转至第二十四式左倒撵猴面向西北，转动角度较大，转动要如珠走玉盘，顺畅自如，其余要点同前式倒撵猴。

第二十五式　右倒撵猴

动作一：右足提起，移至左足踵后，足尖点地，以左足踵、右足尖为轴，身体向右转约 180°，左腿落胯屈膝踏稳，两腿左实右虚，成右虚步；同时右臂内旋，右肘下沉，顺势回击，下与右足相应，左掌外旋上挪于左耳前，掌心向里，两掌指尖微挨；面向东南，目光顺右肘向前注视（图 3–101）。

图 3–101

动作二：右足轻轻提起，足尖向前铲出，足掌落平，重心前移，右腿落胯屈膝踏稳，左足跟步至右足踵左后侧，膝有上顶之意，足尖点地；同时右掌内旋向右膝前划弧下塌，掌心微向前下方，指尖斜向左；左掌内旋顺势向前打出，指尖向上，掌心侧向前，与鼻尖、右足“三尖相照”；面向东南，目视前方（图 3–102）。

动作三：重心后移，左腿屈膝松胯坐稳，右腿自然舒伸，成后坐步；同时，左掌内旋下按于腹前，掌心向右；右掌外旋向胸前中线拦截，高不过口，两掌左上右下，掌心相向，有绞挫之意；目向前视（图 3–103）。

图 3–102

图 3–103

动作四：右胯根内收，带动右足收回，足尖点地，成右虚步；同时，双臂内旋下按外分，掌根下塌，掌心斜向前下，分按于腹前两侧（图 3–104）。接着右足轻轻向前铲出，缓缓落平，右膝前弓，重心前移，右腿屈膝踏稳，左足跟步至右足踵左后侧，足尖点地，左膝与右膝弯似挨非挨；同时双掌上提随身动之势向前按出，合于胸前，两劳宫有相互吸引之意；面向东南，双目向前注视（图 3–105）。

图 3–104

图 3–105

第二十六式　提手上式

动作：右腿稳定重心，左足向左前方滑出，随即落胯屈膝落稳，身体右旋约 45°，右足收至左足右前方，成右虚步，同时，双掌顺时针方向划一半圆，左掌上挫，高与口平，掌心斜向右外，指尖向上；右掌在下，掩于腹前，掌心斜向左外，指尖向上，两掌劳宫有相吸相引之意；面向西南方，目光关注双掌，向前注视（图 3–106、图 3–107）。

图 3–106

图 3–107

要点：本式与第五式提手上势比，动作要小，但在紧凑中要舒展，其窍要是，腋下虚空，掌随身转，而不逾越胸前中线，滑步撤身旋转，要上下协调，中正平稳，不可凸臀弯腰。

第二十七式　白鹤亮翅

动作一：左腿坐稳，右足向前轻轻铲出；同时，右掌外旋沿左臂外侧上穿至面前，掌心侧向右后，指尖向上；左掌外旋落下护于胸前，掌心向里；目视前方。（图 3–108）

动作二：右足落下松沉踏稳，左足蹬地，体微右旋，尾闾前送，两股裹裆，成右弓步；同时，双掌内旋，右掌向右划弧，停于右额前上方，指尖向上，掌心侧向前；左掌舒臂坐腕前按，高与胸齐，两掌虎口遥遥相对，鼻尖与左掌、右足“三尖相照”；目视远方落放点（图 3–109）。

图 3–108

图 3–109

动作三：左膝向左略移，左胯根内收，左腿后坐，重心后移，成后坐步；同时，松肩沉肘，双臂微向里合，掌根下塌落于腹前；目视前方（图 3–110、图 3–111）。

上势不停，胸腹略含，双掌向外划弧上提至胸，掌心斜冲前下，接左腿蹬地，右腿前弓，左足跟至右足踵左后侧，足尖点地，左膝与右膝弯似挨非挨；同时，双掌坐腕徐徐按出，合于胸前，高与肩平，掌心侧向前，双目前视，意远劲长之势（图 3–112）。

图 3–110

图 3–111

图 3–112

要点：动作一与第六式白鹤亮翅的动作一不同，不可忽略，其余要点同第六式白鹤亮翅。

第二十八式　左搂膝拗步

动作一：接上式，以右足踵、左足尖为轴，向左拧旋，身体旋转约 135°，左足成虚步；同时，两臂放松随体左旋，左掌顺势划弧至左胯前，掌心斜向下，右掌自上掩至胸前，掌心左下落时意在右臂尺骨一侧；目光引导身体左旋（图 3–113）。

动作二：右腿落胯屈膝踏稳，涌泉碾地微向右旋，体微右转，随体转右掌继续下落，经右腰侧向右后方自下而上划圆弧置于右耳前，掌心向里，指尖向前；左掌同时屈膝上截与右掌相合，掌心向外，指尖斜向右上，双臂松垂；目视左肘（图3–114）。

动作三：右腿松沉坐稳，左足向东北方轻轻铲出，脚掌落下踏稳，右足蹬地，胯腰左旋尾闾前送，落左胯，送右胯，两股裹裆，成左弓步；同时，左掌随身左旋，自胸前向左膝划弧下搂，护于左膝外侧，掌心向下，指尖向前，肘部微撑，与右掌相应；右掌以中指领劲，立掌坐腕向前按去，五指微展，掌根微吐，高与口平；双目注视远方落点，意在右劳宫，面向东北（图3–115）

图3–113

图3–114

图3–115

动作四：身体右旋，右腿落胯屈膝踏稳，重心移于右腿，成后坐步；随身后移，右掌收回，左掌上提，双臂环抱，双掌合于胸前，掌心向下，在脊柱带动下，双肩双胯，双臂双掌做360°平圆移动（图3–116、图3–117）。接上势，右足蹬地，左腿前弓，重心前移，右足跟至左足右后侧，足尖点地，右膝与左膝弯似挨不挨；同时，双掌徐徐按出，合于胸，高与肩平，掌心侧向前，目向前视（图118）。

图 3–116

图 3–117

图 3–118

要点：参考第七式左搂膝拗步，久练此式可提高腰、胯、肩、躯干在旋转中的上下、左右、前后的位移活动，行拳中做到“力由脊发”，增强躯干的冲击能力，提高人体的速度和力量。

第二十九式　左手挥琵琶势

动作一：右足提起后退，足尖内扣，指向东南，落胯屈膝踏稳，左足收回，足尖向东点地，两足成不丁不八步；同时，身体向右微旋，右臂边外旋边收回至右膝前，掌心向上，腕部松沉，下与右足相合；左掌外旋先下后上自中线划弧，上提至腹前，掌心向里（图 3–119、图 3–120）。

动作二：尾闾带动身体微向左旋，左足铲地蹬出，足踵着地，成后坐步；同时，左掌自腹前向上挥出，掌心向右，高与口平；右掌内旋，掌心向右，上提至与左肘同高，拇指与心窝相对，鼻尖、左掌与左足“三尖相照”；面向正东，双目视前方（图 3–121）。

要点：同第八式左手挥琵琶。

图 3–119

图 3–120

图 3–121

第三十式　舒身按势

动作一：左足收回虚点；同时，左掌收回护于胸前中线，掌心向左，指尖向上；右掌微向下插，掌心向左，指尖向下；面向东方，目向前视（图 3–122）。

动作二：左足蹬地，右腿渐渐直立，左足仍点地；同时，上体向上舒展，左掌内旋下按护裆，掌心向下，指尖斜向右；右掌内旋上掤于顶，掌心斜向上，指尖向左；目向前视（图3–123、图 3–124）。

动作三：右腿松沉落胯屈膝踏稳，随同身体重心下降，右掌下按于腹前，掌心向下，指尖向左；左掌向上划弧护于胸前中线，掌心向右，指尖向上；目向前视（图 3–125）。

图 3–122

要点：本式身体上下伸缩自

如，双掌如环上掤下按，此起彼落，要随身势展缩而行，严守身法，“立身中正安舒，八面支撑”之势，不可乖离。

图 3–123

图 3–124

图 3–125

第三十一式　青龙出水

动作一：右腿踏稳，上体抬起；同时，右掌外旋前伸，掌指向前，掌心向左；左掌合于右臂里侧，掌心向右，指尖向上；目视前方（图 3–126）。

动作二：接上势，右腿松沉落胯坐稳，左足向前铲出，足踵着地，左腿前弓踏稳，右足蹬地，右腿自然舒展，成左弓步；同时，上体微右旋，右掌划弧内旋上掤，掌心向前，停于右额前上方；左掌自胸前中线向前按出，掌与肩平，松肩、沉肘、坐腕、展指，掌根外吐，掌心侧向右前；面向东方，目光注视远方落放点，有内劲前发之势（图 3–127）。

要点：青龙出水，走架时以意引形，以形传神，双臂回

图 3–126

图 3–127

环，轻松自然，劲力内含，乃转身背胯挑托之法，重在反关节，劲势凶猛，要打出潇洒自如、神气飞扬的韵味。

第三十二式　风摆荷叶

动作一：左足向右拧旋约 120°，右足尖微提外摆冲西南点地，两足仍为不丁不八步；同时，身体右转，面向西南；左掌停于左额上方，掌心向外，指尖斜向右上；右掌护于胸前中线，掌心向左，指尖向上，两掌有相互吸引之意；目向前视（图 3–128）。

动作二：上势不停，左足踏稳，右足向右后撤回，落胯屈膝坐实，左足收回，虚点于右脚前，重心落于右腿；同时两掌内旋捋回，左掌停于胸前，右掌停于右腹前，掌心均侧向下；目向前视（图 3–129）。

要点：双臂运转要与脚下拧旋、身体转换配合协调，要步随身换，脊柱如梗，双臂似叶，以肩带臂，方显轻灵自如、圆活流畅之妙，注意拳法运用，形神合一，内外相符。

图 3-128

图 3-129

第三十三式　三涌背

动作一：承上式，左膝前弓，右足蹬地，右腿自然舒展，重心前移，成左弓步；双掌外旋向前徐徐推出，掌心侧向前；面向西南，目光注视远方落放点（图 3-130）。

图 3-130

动作二：左腿落胯屈膝踏实，身体右旋约 45°，右足向前上步，足尖点地，成右虚步；同时，左掌向右划弧掩于腹前，掌心向右，指尖向上；右掌自下划弧上劈于胸前，高与口平，掌心向左，指尖向上，下与右足相应，两掌有相裹之意；面向正西，目向前视（图 3-131）。

动作三：上势不停，右腿上步屈膝前弓，落胯屈膝踏实，左足后蹬，左腿自然伸展，重心前移，成右弓步；同时双掌右上左下随左胯跟微收划一小圆圈向前推出，右掌高与肩平，左掌与肘同高，掌心均侧向前，指尖向上；双目前视（图3-132、图3-133）。

图 3-131

图 3-132

图 3-133

动作四：身体重心后移，左腿落胯屈膝踏实，右腿自然伸展，成后坐步；同时，松肩沉肘，两掌下按于腹前两侧（图3-134）。

上势不停，胸腹微含，左足蹬地，右腿屈膝前弓，重心前移，左足跟进至右足左后侧，足尖点地；同时，双掌按出，合于胸前，高与肩平，掌心略向前；目向前视有意远劲长之势（图3-135）。

要点：本式不可练成变相的懒扎衣，进中寓退，退中寓进，双掌推出，都要胸腹内含，脊柱划一竖圆，在脊柱带动下运作，因此名“三涌背”，表示“源源不断，力源久远”。

图 3–134

图 3–135

第三十四式　单鞭

动作一：左足移至右足后点地，以右足踵为轴向左后旋转约 135°，右足尖向东南，右腿落胯屈膝踏实，左足尖向东，足尖点地，成左虚步；同时，双掌微俯随同身体左旋，略向内含；目光领导身体左旋（图 3–136）。

动作二、三同第四式单鞭的动作（图 3–137、图 3–138）。

图 3–136

图 3–137

图 3–138

要点：本式比第四式单鞭转动角度略大45°，其余要领同第四式单鞭。

第三十五式　左纭手

动作一：接上式，身体先微左旋，接着右旋，重心后移，右腿落胯，屈膝踏稳，左足收回至右足前侧，足尖点地，成左虚步；右臂先外旋再内旋向下、向左、再向上划一360°圆圈，后置于头部右上方，掌心向前，指尖向左上方，要松肩沉肘；左臂划弧，左掌按于左膝前，掌心向下，指尖向上，面对东南；目向前视（图3–139、图3–140）。

图3–139

图3–140

动作二：上势不停，左膝似线上提，足尖向东南铲出落稳，左腿自然舒展；同时，左掌上掤至胸前，掌心向里；右掌下按于右胯侧，掌心向下；目光引导身体左旋（图3–141）。

动作三：上势不停，左膝前弓屈膝踏实，右足蹬地，右腿自然舒展，胯根前掩裹裆，成左弓步，身体随之左转，重心前移；左掌上掤内旋左捌于头顶之上，掌心向前，虎口斜向下；右掌上移于腹前，掌心向前，虎口向上，有前按之势；两掌虎口上下遥遥相对，有相吸相系之意；面向东南，双目注视远方落放点（图 3–142）。

图 3–141

图 3–142

要点：纭手之势手似行云，步若流水，五气布体，八法咸备，两足进退旋转，暗藏盘扣蹬蹚，管插截拦八种腿技，涌泉拧旋走化，身体转换折叠，贯穿一气，“尾闾正中神贯顶，满身轻利顶头悬”，充分体现“立如平准，活似车轮”的风韵。

第三十六式　右纭手

动作一：接上式，继续微左旋，左掌下按，掌心向下，右掌自腹前中线上掤，掌心向里，随即左足向右拧扣，带动身体右旋约 90°，右足尖点地；同时，左掌继续下按于左胯前，掌心向下，指尖向右，左掌继续上移掤于胸前，掌心向里，指尖向上；面向正南，目向前视（图 3–143、图 3–144）。

图 3–143

图 3–144

动作二：身体继续右旋，左腿松胯坐稳，右足轻轻向西北方铲出，足踵着地，右膝前顶，左足蹬地，成右弓步；同时，右掌继续内旋上掤于顶，掌心斜向上，指尖向左，虎口向下，有右捋之意；左掌上移于腹前，掌心向外，虎口向上，有前按之势；两掌虎口遥遥相对，下与右膝相合；双目注视远方落放点（图 3–145）。

图 3–145

说明：平时练习纭手左、右各做四个，文字重复不再说明。下面接做左纭手（图 3–146—图 3–149）和右纭手（图 3–150—图 3–152）。

要点：参阅左纭手说明。

图 3–146

图 3–147

图 3–148

图 3–149

图 3–150

图 3–151

图 3–152

第三十七式　单鞭

动作一：右足里扣，身体向左拧旋；同时，右掌向右划弧下按，与肩同高，掌心向下；左掌外旋上掤至腹前中线，掌心向里，指尖斜向上；面向南偏西，目光前视（图 3–153）。

动作二：右膝落胯屈膝踏稳，身体左旋，足尖向东南，重心落于右腿，左足尖向东，与右足成丁八步；同时，左掌内旋，右掌上提，两掌合于胸前（图 3–154）。

图 3–153

图 3–154

动作三：左胯微向上抽，右胯托起左胯，左足向前轻轻铲出，足踵先着地后落平踏稳，左膝前弓，右足蹬地、腿自然伸展，随重心前移，身体一起左旋；左臂内旋坐腕前按，指尖向上，掌心侧向前，高不过口，左肩左膀，左肘左膝、左掌左足要上下相合，左掌、左足与鼻尖“三尖相照”；右掌同时向右掤出，与肩同高，掌心向前，指尖侧向上，下与右足尖相应，左掌右腿有贯串一气之势；面向东方，双目注视远方，意在左掌劳宫，劲达指尖（图 3–155、图 3–156）。

图 3–155

图 3–156

要点：参阅前式单鞭说明。

第三十八式　提手上势

动作一：左腿松沉坐稳，体微左旋，右腿提起向右前方上步，足尖点地，成右虚步；同时左臂内旋弧形上掤于头左前上方，掌心斜向上，指尖向右上方；右掌外旋按于右胯外侧；面向东南，目向前视（图 3–157）。随即右掌继续上提至腹前中线，左掌下落按于胸前，掌心斜向下，指尖斜向上（图 3–158）。

图 3–157

图 3–158

要点：参阅前式提手上势说明。

第三十九式　左高探马

动作一：身体微右旋，足掌上屈，足踵铲出，右腿自然舒伸；同时左掌下按，掌心向下，指尖向右；右掌上提，掌心向下，指尖向右；左掌在外，右掌在内，合于胸前；目向前视（图 3–159）。

动作二：右腿屈膝前弓，重心前移，左足蹬地，左腿伸展，成右弓步；同时身体微向右旋、右掌向右掤出，掌心向上；左掌向前捋出，掌心向下；目光随两掌右掤左捋后，向前注视（图 3–160）。

动作三：右足里扣，身体左转；同时，左掌内旋继续左捋，掌心向左，小指侧向上，护住胸前中线；右臂松肩沉肘，右掌掌心向上、向右后划一圆弧于右耳侧；面向东方，目视前方（图 3–161）。

动作四：右腿渐渐起立，左腿提起向左前方上步，足尖点地，成左虚步；同时，左掌外旋向下弧形揽于腹前，掌心向上；右掌内旋自右耳下向胸前挫按推出，高与下额平，掌心微向前下，指尖向左；两臂微撑各成半圆形，双掌遥相对；面向正东，目光注视远方，观顾右掌前按（图 3–162）。

要点：探马即探骑，本式是舒身而起高探马。运势时，双臂回环，圆活协调合拍，展身起立，要提顶吊裆，松肩沉肘，竖起脊柱，涌泉松沉，有上下对拉、拔长身肢之势。

图 3–159

图 3–160

图 3–161

图 3–162

第四十式　右起脚

动作一：右腿屈膝坐稳，身体微向右旋转，松胸松肩引导两掌向上划弧，右掌外旋停于头右侧，左掌护于胸前。接着左足向左轻轻铲出，落下踏实，弓左腿，蹬右腿，身体左转成左弓步；同时，右掌向左捋按，停于胸前，高与肩平，掌心斜向左前，指尖斜向上；左掌内旋向左捋采，停于腹前中线、右肘旁，掌心向下；面向东北，目光向前注视（图 3-163、图 3-164）。

动作二：左足里扣，稳定重心，身体微右旋；两臂舒展向外、向下、再向上各划一半圆合于胸前，右掌在外，左掌在内，掌心均向内；面向东方，眼神观注双掌回环，双掌交叉后，右膝提起，目向前视（图 3-165、图 3-166）。

动作三：右腿松胯落稳，身体微向右旋，右足足面绷平向东南角缓缓踢出，高与腰平，劲点在小趾侧；两掌边内旋边向左右分开，先微向上（高不过眉），再弧形落下，双臂不可过

图 3-163

图 3-164

直，松肩沉肘，腕与肩平，掌心均侧向外，右掌下劈与右脚相应；面向东南，目光观顾右足前踢，从右掌上方向前注视（图3–167）。

图 3–165

图 3–166

图 3–167

要点：本式运作，要注意松肩沉肘，两臂走弧形，萦行交错，均匀柔顺，开展中寓紧凑；踢腿时，上下相随，气沉丹田，左腿稳定，劲力达于右足，身躯卓立不动。

第四十一式　右高探马

动作一：左腿松沉屈膝下蹲，右足回收落地踏稳，右腿弓，左腿蹬，成右弓步；同时右掌前按，高与胸平，左掌随按于左后侧（图 3–168—图 3–170）。随即，重心移于右腿，左足向前，足尖虚点于右脚前；同时，身体左转，左臂屈肘向右划弧至胸前中线，掌心向上，右臂内旋向右划弧，至胸前中线，掌心向下，两掌右上左下合于胸前，掌心相对；目视前方(图3–171)。

图 3–168

图 3–169

图 3–170

图 3–171

动作二：上势不停，左膝似线上提，左足铲出落平，屈膝前弓，重心前移，右足蹬地，右腿自然伸展，成左弓步；体微左旋，左掌划弧向左前方掤出，掌心向上；右掌向前挒出，掌心向下，下与左腿相应；目光观顾两掌左掤右挒后，向前注视（图 3–172、图 3–173）。

动作三：左足松胯踏稳，右足向前点地，成右虚步；同时右掌内旋继续向右划弧挒出，掌心向右，小指一侧向上，护住胸前中线；左臂松肩沉肘，左掌掌心向上、向右后划一圆弧于左耳侧；面向正东，目视前方（图 3–174）。

动作四：左腿蹬地，身体微上拔；同时，右掌外旋向下弧形揽回于腹前，掌心向上；左掌内旋自左耳下向胸前挫按推出，高与下颌齐，掌心微向前下，指尖向右；两臂成半圆形，双掌上下相对；面向东方，目视前远方（图 3–175）。

图 3–172

图 3–173

图 3–174

图 3–175

第四十二式　左起脚

动作一：左腿落胯屈膝踏稳，右足向右前方轻轻铲出，落地踏实，弓右腿，蹬左腿，成右弓步；同时，身体先左旋再右旋，左掌先左上划一圆弧向右捋采，停于胸前，护住中线，高与肩平，掌心斜向右前，指尖斜向上；右掌内旋向右捋采，停于腹前中线，掌心向下；面向东南，目视前方（图 3–176、图 3–177）。

动作二：右足内扣，左足上提，右腿松胯踏实，体微左旋；两臂同时向外、向下、再向上各划一大半圆弧，然后十字相交于腹前，左掌在内，右掌在外，掌心均向内；目光观顾双掌动作后，注视远方（图 3–178、图 3–179）。

动作三：右腿稳定重心，同时，身体微左旋；左足足面绷平向东北方缓缓踢出，高与腰平，劲点在小趾侧；两臂内旋向左右分开，弧形落下，双臂要松肩沉肘，不可过直，腕与肩平，面向东北，目光观顾左足前踢后，向前注视（图 3–180）。

要点：参阅右起脚说明。

图 3–176

图 3–177

图 3-178

图 3-179

图 3-180

第四十三式　转身蹬脚

动作一：左足踵贯劲弧形钩回，提膝，足悬空，以右足踵为轴带动胯、腰、身向左后旋转，胸腹中线对向北方，右胯松沉膝微屈，重心略下降；同时，两臂自下往里划弧相交于胸前，右掌在外，两掌心向内，有外掤之势；眼神随身体左转平视，定势向远处注视（图 3-181、图 3-182）。

图 3-181

图 3-182

动作二：左膝上提，胯根内收，足跟贴向臀部，接着两掌向前伸展，松肩沉肘，腕与肩平，掌缘向外，指尖上扬；同时，左腿渐起，左足掌上屈贯劲向正西方蹬出；目视前方，观顾左掌、左足（图 3–183）。

图 3–183

要点：本式左转是钩腿垂旋，要求旋转自然，稳如泰山，蹬脚与两掌分展同时运作，缓缓蹬出要有贯劲之势，身体要有“中正安舒，支撑八面”之势。

第四十四式　践步打捶

动作一：右足踏稳，左腿屈膝收回，同时，两掌回收置于右耳际处。随即左腿落地前弓踏稳，右足蹬伸，成左弓步；左掌划弧向左膝前搂下，掌心向下；右掌自后向前划弧劈下，置于胸前中线；面向正西，目视远方（图 3–184—图 3–186）。

图 3–184

图 3–185

图 3–186

动作二：上动不停，左足蹬地，右足向前悠起蹬踢，落地后踏实，稳定重心，左膝轻轻提起；同时，左掌自左膝侧向后划弧抡臂至头左上方，再下搂至左膝旁；右掌自右膝侧向后、向上划弧于右耳旁；目向前视（图 3-187—图 3-190）。

图 3-187

图 3-188

图 3-189

图 3-190

动作三：右腿稳定重心，身体直立，左膝上提；左掌向左上方划弧劈向胸前中线；同时，右掌握拳自右耳侧向前砸于胸前，小指侧向下，左掌托住右腕；目光观注右拳（图 3-191）。

动作四：左足落地屈膝踏实，右膝下屈，足踵离地，足尖点地，身体下蹲；同时，右拳划一小弧向前下打出，拳背向前上，左掌附于右肘弯内，护住中线；目光视落击处（图 3-192）

图 3-191

图 3-192

要点：该式动作一波三折，虚实变化灵活，宛如波浪起伏，连而不断，“静如山岳，动若江河”，定势要稳定沉重，严整有力，立身中正，八面支撑。

第四十五式　翻身二起脚

动作一：右足稍后移，左足里扣，身体上起向右后翻转约 135°，两足成不丁不八步，面向东方，同时，肘有后击之意，接右拳上提拳心向内，左掌掌心轻推右拳以助肘力；眼神随身体右转向前注视（图 3-193）。

动作二：左足松沉踏稳，右足提起向前方踏出，成左后坐步，左掌下按掩护于右肘旁；右拳以肘为轴自胸前中线劈出，拳心向里（图 3–194）。随即左腿蹬，右腿弓，身体右旋成右弓步；右拳前劈后右肘后移于腰部右侧，拳心向上；左掌向前徐徐推出，掌心侧向前，指尖向上，高与肩平；身体偏向东南，双目前视（图 3–195）。

图 3–193

图 3–194

图 3–195

动作三：右腿松沉稳定重心，右胯微抽；右拳收回于右胯前侧，拳心向上，左掌收回按于右腕之上；同时，体微左旋，左足提起向左前方蹬出（图 3–196）。左足落地后，左膝弓，右足蹬，成左弓步；同时，右拳内旋向前击出，高与肩平，拳心向左下，下与左足尖对正；左掌掌心护住右拳；身向东北，目向前视（图 3–197）。

动作四：左足踏稳，体微右旋，右臂松肩沉肘，右拳外旋，划一小圆，右足提起脚面绷平向东方踢出，高与腰平，同时，两掌先上起，向下落，前后分开，高与肩平，右掌击拍脚面（年轻习者可腾空二起拍脚），右足落下屈膝悬空收于左腿前；面对东方，双目前视（图 3-198—图 3-200）。

要点：该式翻身二起，连环踢打，上下协调一致，同时运作，意到、眼到、足到、身到、手到，以附合本式即化即打之技击作用。

图 3-196

图 3-197

图 3-198

图 3-199

图 3-200

第四十六式 左伏虎势

图 3-201

动作一：接上式，右腿后落屈膝下蹲，左腿自然舒伸；右掌下沉落于胸前中线，掌心侧向上，左掌自左后向前划弧再向下，掌心侧向下，两掌下捋于腹前，左掌在前，右掌在后；目光观顾双掌（图 3-201）。

动作二：左腿弓，右腿蹬，成左弓步；同时，胯、腰、身左旋，双掌左上右下向前挤出，掌心侧向朝前，指尖向上（图3-202）。随即右足前跟半步至左足后落地踏稳，左足虚点于右足前；两掌不动（图 3-203）。紧接着左膝上提，体微左旋，同时，左掌外旋有拧扣之意，置于左膝外侧方，右掌向身后扬起置于头后上方；面向东北方，目视左掌（图 3-204）。

图 3-202

图 3-203

图 3-204

要点：左右伏虎是象形会意的拳势，以虎喻敌，显示伏虎之威，闪身退步，双掌下采，一气呵成，协调自然，移步移行要圆转活泼。

第四十七式　右伏虎势

动作一：右腿松沉，身体微右旋朝向东南方，双掌向右上荡起，右手高于头上，左手护于胸前，右手掌心侧向前，指尖向上，左手掌心向左，指尖向上；目光视右掌（图 3-205）。

动作二：左腿后撤下蹲，右腿自然舒伸，成右仆步；双掌自右上方下采，右掌掩于胸前中线，掌心侧向左，左掌下采于腹前中线，掌心向下；目光注视右掌（图 3-206）。

动作三：右膝前弓，左腿蹬伸，身体右转，成右弓步；双掌右上左下向前徐徐挤去，有意远劲发之势；目光注视远处落放点，面向东南方（图 3-207）。

要点：同左伏虎势说明。

图 3-205

图 3-206

图 3-207

第四十八式　巧捉龙

动作一：右腿松胯落稳，左腿向左前方上步，足尖点地；同时，身体微右旋，右掌下按于胸前中线，掌心侧向下；左掌自下划弧向胸前中线推出，高与脸平；面向正东，眼神观顾两掌动作（图 3-208、图 3-209）。

动作二：上动不停，右足涌泉左碾，身体左旋；同时，左掌下按于腹前中线，掌心侧向前；右掌向下、向内、再向上划一立圆向中线前推上挫，掌心侧向前，指尖向上，高不过口；面向东方，目视前方（图 3-210）。

图 3-208

图 3-209

图 3-210

要点：巧捉龙又名“死鸡拧头”，是擒拿对方头部和前臂的手法，双掌回环，要上下协调，运作圆活，明快有力，体现出“立如平准，活似车轮”的神韵。

第四十九式　披身踢脚

动作一：接上式，右腿松沉，身体微右旋，重心移至右腿，左胯根内收，膝微内扣；同时，两掌变拳，右拳内旋虎口斜向下，左拳虎口向上，护于胸前中线，有上提之意；目视前方（图 3–211）。

动作二：右腿蹬地，身体立起（不可过直），左足上提，足尖自然下垂后收；两拳随身体向右上方提起，右拳位于头部右侧，左拳位于胸前中线，两拳虎口上下斜对；目视左膝前方（图 3–212）。

动作三：左足向左前方踢出，足面绷平，高与腰平，足尖有发劲之意，同时，两拳变掌左右分开，左掌前劈，腕与肩平，下与左足相应，右掌向右肩方向劈出，腕与肩平，俱沉肘坐腕，指尖斜向上；目光前视（图 3–213）。

图 3–211

图 3–212

图 3–213

要点：侧身坐势称“披身”，侧身避其锋，分其势，起脚踢，以腰胯为枢纽，含进退咸宜之机。

第五十势　转身蹬脚

动作一：接上式，以右脚掌为轴向后拧旋，同时，身体右旋，左腿向右后摆动，两臂外旋向胸前含抱，两掌成抱拳状，身体拧旋一周，随即，左脚落下松胯踏稳，右腿提膝，右足收紧有贯劲之意，向前蹬出；同时双臂前后分开，双拳下劈，松肩沉肘，左拳拳心向上，高与肩平，下与右拳相应，手领眼随，眼神观顾双拳下劈；定势目向前视（图 3-214、图3-215）。

图 3-214

图 3-215

要点：转身要保持提顶吊裆，立身中正之势，要动中寓静，旋转衔接自然，潇洒自如。

第五十一式　喜鹊登枝

动作一：左足涌泉右碾，上体微右旋，右足贯劲收回，膝部上提有上顶之意；同时，左拳自后外旋划弧，下移掩裹于胸前；右拳自左前臂里侧向前击出，高不过口，拳心斜向上；定势目向前视（图 3–216）。

动作二：上体微右旋，以意贯劲于右足，向右前方踩落，重心仍在左腿；同时，右拳变掌内旋屈肘下采收至腰部右侧；左掌自后向前划弧自胸前向前挫按，掌心斜向下，身向东方偏南；目光注视左掌扑按前方（图 3–217、图 3–218）。

图 3–216

图 3–217

图 3–218

要点：本式是一拳击、掌捌、膝顶、足踩综合运用拳势，乃跌打之法，扑提之长，轻捷灵动，审势待机，蓄而后发。

第五十二式　上步搬揽捶

动作一：身体先左旋，再右旋，身体重心移于右腿，左足前上移至右足前方虚点；同时，左掌随身动先向左拦截，随即向右揽于胸前；右掌握拳划一小圆弧置于右肋间；目光随左掌前视（图 3–219）。

动作二：左膝前弓，尾闾前送，重心移于左腿，右足提步至左足右侧后方；同时，左掌内旋下揽，掌心向下，右拳上提沿胸前中线内旋向前冲击，右拳握紧，高与口平，拳心侧向外，左掌护于右前臂外侧，鼻尖、右拳、左足“三尖相照”，身向东方；目视前方（图 3–220）。

要点：参阅前搬揽捶势说明。

图 3–219

图 3–220

第五十三势　如封似闭

动作一：右足后移半步，落胯坐稳，重心后移于右腿，左腿自然舒展，成后坐步；同时，左掌外旋自右臂下向前上掤出，掌心向内，下与左足相应；右拳微向左移，松开变掌，边外旋边抽回于左腕尺骨侧，掌心向里；面向东方，目向前视，意在左腕（图 3–221）。

图 3–221

动作二、三同第十五式“如封似闭”的动作二、三（图 3-222、图 3-223）。

图 3-222

图 3-223

要点：参阅第十五式“如封似闭”说明。

第五十四式　拗步飞仙掌

动作一：右足移至左足左后侧，足尖点地，以右足尖、左足踵为轴，带动身体旋转约 180°，两足成右虚步；同时，右掌叠肘外旋随体转移于胸前中线，掌心向里，指尖向上，高不过口，肘尖向内裹劲；左掌自左耳侧前移于右臂里侧，有上挫之意；双目前视（图 3-224）。

动作二：左腿松沉坐稳，身体微右旋，右胯根微收；右掌屈肘下沉，左掌自右臂侧上挫，与鼻同高，掌心向外，指尖向上，右掌护于左肘之下；目光引左掌上挫（图 3-225）。

动作三：身体微下沉，右掌上抄，掌心向里，指尖向上，左掌护于右肘里侧（图 3-226）。右腿前弓，左足蹬地，左腿舒展，两股裹裆，成右弓步；同时，身体右旋，两掌右上左下，虎口相对，均在胸前中线，右掌高与肩平，两掌心均向外；面向西北，目视掌按前方（图 3–227、图 3–228）。

图 3–224

图 3–225

图 3–226

图 3–227

图 3–228

要点：本式在往复折叠中，须注意含胸拔背和抽掣腰胯，身形回环转动中，要有圆活之趣，重点是叠肘，叠法继掤、捋、挤、按四法之后，寓于四法之中。

第五十五式　右懒扎衣

动作一：左膝向左略移，膝头对准足尖，屈膝落胯坐稳，右足收回虚点于左足前，身体向左转，接右胯内抽；右掌外旋回收于胸前，掌心向里，指尖向上，高与肩平，肘尖向里拧裹；左掌向右肘弯微按；面向西北，目光引右掌外旋里裹(图3-229)。

动作二：左腿松沉踏实，右足向前轻铲落平，右膝前弓，左足蹬地，尾闾前送，左腿自然舒展，两股裹裆，身体右旋，成右弓步；同时，双掌内旋，右上左下，向前徐徐挤出，有推山撼岳之意，右掌高不过鼻，左掌高同右肘；双目前视(图3-230)。

图 3-229

图 3-230

动作三：同第三式“右懒扎衣”的动作（图 3-231、图3-232)。文字不再说明。

要点：武派太极拳的懒扎衣有许多用法。该式懒扎衣以裹肘锁劈为主，其余可参阅前式懒扎衣说明。

图 3–231

图 3–232

第五十六式　斜单鞭

动作一：左足向后微移，足尖点地，以左足尖、右足踵为轴，身体向左旋转约 90°，胸部中线转向西南，左足尖向南，右足尖向西南，成左虚步；双掌随身左旋，护于胸前中线；目光平视（图 3–233）。

动作二：右腿松沉稳定重心，下肢不动，上体微向右旋；同时，双掌逆时针方向划一圆弧向右回转，右掌略高，左掌略低，护于胸前中线，掌心向外；目光引双掌右旋（图 3–234）。

图 3–233

图 3–234

动作三：左胯微收，身体微左旋，左足铲出，落地踏稳；目随双掌（图 3–235）。

动作四：左腿前弓，右足蹬地，右腿自然伸展，上体左旋，尾闾前送，两股裹裆，成左弓步；同时，左臂内旋坐腕前按，掌心侧向前，高不过口，左肩与左膝、左掌与左足上下相合，上与鼻尖“三尖相照”；右掌向右掤出，沉肘坐腕与肩同高，左掌右腿有贯穿一气之势，意贯左掌劳宫，劲达指尖；面向南方，目视远方落放点（图 3–236）。

图 3–235

图 3–236

要点：该式所打角度不同于其他单鞭，还有一向回斜挂的细小区别。其余参阅前式单鞭。

第五十七势　左野马分鬃

动作一：身体微向左旋再右转，左足微内扣，左腿松沉坐稳，右足经左踝里侧虚点于左脚前，成右虚步；同时，左掌向上微扬，掌心向前，指尖向上；右掌自右向下、向左弧形抄起于腹前，掌心向前，指尖向上，下与右腿相应，右手、右足与鼻尖“三尖相照”；身向西南，双目视前方（图 3–237）。

动作二：接上势，右腿提起向右后撤回，落胯屈膝，重心移于右腿，左足收于右足左前方，成左虚步；同时，身体微右旋，右掌先外旋后内旋，向右上划弧，斜掤于头部右上方，掌心向前，指尖向左方；左掌下按于左膝前，掌心向下，指尖向上，面对西南，目向前视（图 3–238、图 3–239）。

图 3–237

图 3–238

图 3–239

动作三：接上势，以腰胯为轴，身体继续右旋（下肢不动），同时，弧形下采于腰部，左掌外旋，自胸腰中线向上抄起（图 240）。随即左足提起向左前方铲出，身体左旋，左掌内旋向左前方掤出，掌心向外；目光先顾右掌下来，再出左掌前掤（图 3–341）。

动作四：上动不停，左腿前弓，右足蹬地，尾闾前送，胯根前掩裹裆，身体左旋，成左弓步；同时，左掌内旋向左前方捌出，位于头部左前侧，掌心向前，虎口斜向下；右掌按于腹前中线，掌心向前，虎口向上，两掌虎口遥遥相对，合于左膝之上；面向西南，双目注视远方（图 3–242）。

图 3–240

图 3–241

图 3–242

要点：本式是御众的拳势，双掌回环，似野马分鬃，爆发力强，喻迅雷烈风，所向披靡，远势步随身换，身带臂转，步到、身到、手到，连绵不断，上下相随，浑然一气。

第五十八式　右野马分鬃

动作一：身体微左旋，右足经左踝内侧向右前方踏出，足尖点地；左掌顺势向左肩侧下采，与肩同高；右掌外旋向上抄于胸前中线；目光观顾左掌（图 3–243）。

动作二：左腿松沉踏稳，右足轻轻铲出，脚跟落地；同时，左掌下采于左胯侧，右掌上掤于脸前中线，高不过头；目光注视前方（图 3–244）。

动作三：身体继续右转，右腿前弓，左足蹬地，胯根前掩裹裆，成右弓步；同时，右掌内旋向右上掤于右额前上方，掌心向前，虎口向下；左掌自腰部左侧前按于腹前中线，掌心向前，虎口向上，两掌虎口上下遥遥相对，合于右膝之上；面向西北，双目注视远方落放点（图 3–245）。

图 3–243

图 3–244

图 3–245

要点：左野马分鬃向右野马分鬃过渡要欲右先左，不可忽略，旋转中稳如泰山。其余参阅左野马分鬃说明。

第五十九式　左野马分鬃

动作一：右腿松沉踏稳，身体微右旋，左足向前虚点于右脚前；同时右掌向右肩侧下采，左掌外旋向上抄起于胸前中线；目光观顾右掌（图 3–246）。

图 3–246

动作二：右腿松沉踏稳，右胯根微内收，身体左旋，左足尖轻轻向前铲出，足踵着地；同时，右掌下采于右胯侧，左掌上掤于胸前中线，高同口齐；目视前方（图 3–247）。

动作三：身体继续左旋，左膝前弓，右足蹬地，胯根前掩裹裆，成左弓步；同时，左掌内旋向左上挒出于左额前上方，掌心向前上，虎口向下；右掌自腰部右前按于腹前中线，掌心向前，虎口向上，两掌虎口遥遥相对；面向西南，目光视远方落放点（图 3–248）。

图 3–247

图 3–248

要点：同前左野马分鬃说明。

第六十式　迎门靠

动作一：左腿胯根松沉内收，身体左旋，右足向前虚点于左脚前，成右虚步；左掌自上落下合于胸前，掌心向外，指尖向上；右掌外旋，掌心向上，指尖向左抄于腹前中线；面向西方，目光观顾右掌（图 3–249）。

动作二：身体右转，右腿向右前方（西北）跨一大步踏实，左腿跟步滑行半步，落地踏稳，重心在右腿；同时，右掌臂向右前方靠打，掌心向右侧，指尖向上，肘尖与胸口相照；

左掌贴于右肘内侧助力；面向西北，目视右掌（图 3–250）。

动作三：左腿落胯屈膝踏稳，左胯微内收，右腿收回，足尖点地，成右虚步；身体微左旋，右臂松沉屈肘，右掌向额下翻回；左掌随右肘旋转移于右臂外侧；目光观顾右掌回旋(图 3–251)。

动作四：右足向前上步踏稳，左足踏地，成右弓步；同时，右掌外旋自胸口翻下，再内旋向膝前按出，掌心向下，指尖向左，下与右膝相照；左掌按右掌掌背之上助力下塌；面向西北，目光观顾右掌下按（图 3–252）。

图 3–249

图 3–250

图 3–251

图 3–252

要点： 本式为推手中习用技法，上靠下按，都是踏对方中门而进，靠打劲点在右臂，右掌自胸口下翻要略微含胸蓄劲，臂似灵蛇回旋而出，靠击出虚发，身灵步活，劲力撼山。

第六十一式　右懒扎衣

动作一：左足尖微外移，左腿踏稳，上体微向左旋，右足收回，足尖点地，成右虚步；同时，右臂屈肘里裹护于胸前中线，左掌向右肘里侧微合，两掌侧立掌心相向，右掌高不过肩，左掌高同右肘，右掌与鼻尖、右足“三尖相照”；面向正西，目向前视（图 3–253）。

动作二（图 3–254）、动作三（图 3–255）、动作四（图 3–256）与第三式右懒扎衣动作相同，不再说明。

图 3–253

图 3–254

图 3–255

图 3–256

第六十二式　单鞭

动作要求与第四式单鞭相同，参阅图 3-257—图 3-259。

图 3-257

图 3-258

图 3-259

第六十三式　上步飞仙掌

动作一：接上式，以左足踵为轴向右后拧转 135°，至左脚尖向西南踏实，右足提起移至左脚前，成右虚步；同时身体右旋约 180°，面向西方；右臂外旋收回于胸前，掌心向上，有下盖之意；左臂屈肘上提于左耳侧，松肩沉肘，掌心向里，指尖向前；目向前视（图 3-260）。

图 3-260

动作二：右足踏稳，左足经右足里侧向前虚点于左足前，成左虚步；同时，左掌自右掌心向前挫出，劲点在掌根；右掌托于左肘之下；目随左掌前视（图 3–261）。

动作三：左足向前落下踏稳，身体下降前移，右足提起前蹬；同时，右掌内旋屈肘上提，掌心向左；左掌向下经腹部上撩，掌心向右，下与右足相合；目视左掌（图 3–262—图 3–264）。

图 3–261

图 3–262

图 3–263

图 3–264

动作四：右足落地屈膝踏稳，左足向前虚点于右脚前；同时，身体微左旋，左掌外旋左掤，掌心向上，高与口平；右掌合于左肘里侧；目光观顾左掌前掤（图 3-265）。

图 3–265

要点：本式上步挫掌，提肘撩阴，连续上步完成动作，要做到身灵步活，跌宕有致，上下相随，连绵不绝。

第六十四式　左玉女穿梭

动作：坐稳右腿，左足轻轻铲出，落地踏实，屈膝前弓，右足蹬地，松落左胯，送右胯，两股裹靠合裆，右腿自然舒展，成左弓步；同时，左臂边内旋边向上滚翻，左捌，左掌护于左额角前上方，掌心向外，指尖斜向上；右掌自左肘下，沉肘腕立掌前按，高与肩平，掌心侧向前，指尖向上，掌根对准胸前中线，两掌虎口遥相呼应，右掌、左足与鼻尖"三尖相照"；面向西南，目视远方落放点（图 3–266）。

图 3–266

要点：本式旋腰移步，回行四隅，俗称"打八门"。八法五技，相机运用，双掌互穿，连绵不断，形灵意合，力沉劲整。

第六十五式　转身玉女穿梭

动作一：左足踏稳，右足移至左足踵后侧，以左足踵、右足尖为轴，身体向右后旋转约 235°；同时，右掌外旋掌心向上，屈肘落于胸前，肘有回击之意；左掌外旋微向下移；目光观顾右掌回旋（图 3–267、图 3–268）。

动作二：右足提起铲出，着地后右膝前弓，身体右旋，左足蹬地，落右胯送左胯，成右弓步；同时，右臂内旋向上滚翻右捌，右掌护于右额角前上方，掌心向外，指尖斜向上；左掌沉肘坐腕立掌前按，高与肩平，掌心侧向前，指尖向上，两掌虎口遥相呼应，左掌、右足与鼻尖“三尖相照”；身体中线对向东南，目光前视（图 3–269）。

图 3–267

图 3–268

图 3–269

第六十六式　上步玉女穿梭

动作一：左腿松沉坐稳，身体左旋，右腿提起移至左足前虚点，成右虚步；同时，右掌外旋屈肘掩于胸前，掌心向左，指尖向前上，高不过口；左掌外旋合于右肘里侧，掌心向右，指尖向上；目光观顾右掌里裹（图 3–270）。

动作二：右腿松沉坐稳，身体左转，胸腹中线朝向东方，左足提起向左前方虚点，成左虚步；随身体左转，左掌沿前臂向前穿出，掌心向里，指尖向上；右肘微向下沉，右掌于左肘里侧，掌心向内；目光随左掌前穿（图 3–271）。

动作三：左膝前弓，重心前移，右足蹬地，右腿里掩裹裆，自然舒展，成左弓步；同时，左掌向左额前上捌出，掌心向外，指尖斜向下；右掌自左肘下沉时坐腕立掌前按，高与肩平，掌根对准胸前中线，掌心侧向前，指尖向上，两掌虎口呼应，右掌、左足与鼻尖“三尖相照”；面向东北，目视远方（图 3–272）。

图 3–270

图 3–271

图 3–272

第六十七式　回身玉女穿梭

动作一：右腿提起，右足移至左足后侧点地，身体以左脚跟、右足尖为轴转约 220°，面向西方；同时，随转体，右肘回击，右掌外旋收于胸前，手心向右；左掌仍护于头左上方；

目光随右掌回旋（图 3–273）。

动作二：上势不停，身体继续右转，左腿屈膝松胯落稳，右足向右前方迈；同时右掌继续外旋掤于胸前，高不过口，掌心向里，指尖向上，下与右腿相合；左掌护于右肘里侧；目光随右掌前掤，面向西北（图 3–274）。

动作三：右膝前弓，身微右旋，左足蹬地，成右弓步；同时，右臂内旋向上滚翻，向右挒出，右掌护于额前上方，掌心向外，指尖斜向上；左掌坐腕立掌前按，高与肩平，掌根对准胸前中线，掌心侧向前，指尖向上，两掌虎口遥相呼应，左掌、右足与鼻尖“三尖相照”；面向西北，目视前远方（图 3–275）。

图 3–273

图 3–274

图 3–275

第六十八式　退步懒扎衣

动作一：左足外撇约 45°，朝向西南方，膝头与足尖虚虚对正，身体左旋，左腿松胯落稳，右足收回虚点于左足前，成右虚步；同时双掌右上左下随转体捋回于胸前，右掌高与肩平，左掌与右肘同高；面对西方，目光前视（图 3–276）。

动作二：上势不停，左膀根微向内收，左腿松沉踏实，右足尖向前铲出落下踏稳，右膝前弓，左腿自然舒展，上体右旋重心前移，成右弓步；同时，双掌内旋，掌心略向前，向前挤出；目光注视远方落放点（图 3-277）。

动作三：同第三式右懒扎衣的动作四（图 3-278、图3-279）。

要点：该式“懒扎衣”是先捋而后挤，双掌前挤是在腰脊带动下走竖圆。其余说明同第三式懒扎衣。

图 3-276

图 3-277

图 3-278

图 3-279

第六十九式　单鞭

动作要领同第四式单鞭（图 3–280—图 3–282）。

图 3–280

图 3–281

图 3–282

第七十式　左纭手

动作要领同第三十五式左纭手（图 3–283—图 3–285）。

图 3–283

图 3–284

图 3–285

第七十一式 右纭手

动作一：左足抬起向右扣拧，左腿松沉坐稳，身体右转约180°，面向西，随转体，右腿提起收回于左足前，足尖上屈，足踵着地；同时，右掌随转体自下自腹前、胸前划弧掤于头顶上方；左掌自中线上移护于腹前；目随掌运，定势时目视前方(图3–286)。

动作二：右足内扣，身体左转；同时左掌上掤于头部上方；右掌自中线上移于腹前，面向正东，目向前视，成后坐步之左纭手（图3–287、图3–288）。

图3–286

图3–287

图3–288

说明：1. 本式与第三十式右纭手不同之处是（1）做动作三后，不再前移成弓步。（2）右手上掤高于头顶，定势有下塌之意。（3）左掌护住中线有前按之意。2. 平常出手练习多为反复重复动作，正常练均打四个，此处左、右纭手共打了五个，重复动作不再文字说明，如右纭手（图3–289）、左纭手(图3–290—图3–292)。

图 3-289

图 3-290

图 3-291

图 3-292

第七十二式　单鞭

动作一：接左弓步纭手，右足跟半步上至左足后，重心移于右后腿，左足虚点于右脚前，右腿松胯落稳，身微向右旋，鼻尖和右足尖相对；随身右旋右掌外旋向右上划弧于胸前，掌心向内，左掌外旋同时自左上划弧于胸前，掌心向内；目光观顾双掌（图 3-293）。

动作二：右腿屈膝踏稳，身体微右旋，左足轻轻铲出，落地踏稳，左膝前弓，右足后蹬，右腿自然舒展，成左弓步；同时，上体左旋，左臂内旋坐腕前按，指尖向上，掌心侧向前，高不过口，左肩左胯，左肘左膝，左掌左足，要上下相合，左掌、左足与鼻尖“三尖相照”；右掌同时向右掤出，与肩同高，掌心向前，指尖侧向上，下与右足尖相应，左掌右腿贯穿一气之势，意在左掌劳宫穴，劲达指尖；面向东，目光前视远方落放点（图 3-294）。

图 3-293

图 3-294

第七十三式　下势

动作一：右足后移，足尖外摆踏实，胯根内收下沉，左足尖微内扣，重心在右腿，成左仆步；同时，左掌外旋屈肘回掩于胸前，掌心向里，劲在尺骨处；右掌微上扬；目随左掌（图 3-295）。

图 3-295

动作二：左足尖外摆向前（冲正东），右足里扣，身体左转，重心前移，左腿屈膝前弓，蹬右腿，成左弓步；同时，左掌向上抄起于腹前，沉肘坐腕立掌，劲点在掌背食指根节处；右掌下沉于右胯后方；面向东方，目光注视前方（图 3-296、图 3-297）。

图 3-296

图 3-297

要点：仆步下势，要保持身法，不可低头前俯，背脊骨带动下身催肩，肩催肘，肘催手，节节贯穿，要把拳势跌宕起伏、灵活多变的神韵表达出来。

第七十四式　左更鸡独立

动作一：左腿松沉，体重逐渐移至左腿，右腿抽胯、右足移于左足里侧；同时，左掌自胸前微向里掩；右掌向前上穿于右肘之下；面向东方，目光注视前方（图 3-298）。

动作二：左足蹬地，右腿起立，成左独立步；同时身体微右旋，右腿提膝上顶，高过于脐，足尖微向里垂里合护裆；随体上升，右掌自左臂下向前上竖臂穿出前劈，护于胸前，拇指对向鼻尖，掌心侧向前，指尖向上；右肘与右膝相合，劲点在掌根，意贯指尖，左掌下按护裆，掌根微沉，掌心侧向下；面向东微偏南，目随右掌上穿前劈，注视前方（图 3–299）。

图 3–298

图 3–299

要点：该式状如雄鸡独立，志意腾昂，重在腿技，运势要做提顶吊裆，立身中正，双肩双胯要平，两手要守中、用中，不可须臾乖离。

第七十五式　右更鸡独立

动作一：左腿屈膝下蹲，上体微向右旋，右足向前踏出，膝部前弓，重心移向右腿；同时，右掌向右膝前按下；左掌自右前臂下上穿；面向东方微偏南，目视前方（图 3–300）。

图 3–300

动作二：右腿立稳，同时身向左旋，左膝向前上顶起，高过于脐，足尖下垂，微向里合；左掌自下向前竖臂劈出，护于胸前，拇指对向鼻尖，指尖向上，掌心侧向前；右掌下按，掌根微沉，掌心侧向下；面向东方偏北，目光随左掌前劈，注视前方（图3–301）。

图3–301

要点：参阅“左更鸡独立”说明。

第七十六式　左倒撵猴

动作一：右腿缓缓下蹲，左足向左后方落下，足尖点地，接着以右足踵、左足尖为轴，向左拧旋约90°，胸腹中线冲向北方；同时左掌随体左转，掩于胸前，掌心侧向右；右掌屈肘自右后弧形上提于右耳旁，指尖向前，掌心向里；目光注视前方（图3–302）。

动作二：上动不停，左足轻轻铲出落地踏稳，左膝前弓，右腿蹬伸，成前掩裹裆，身向左旋，成左弓步；随身体左旋，重心前移，左掌下采于左膝前；右掌外旋立掌向胸前按出，高与口平，指尖向上，掌心侧向前；面向西北，目视远方落放点（图3–303、图3–304）。

动作三：右足跟上半步，落胯屈膝坐稳，身体微右旋，重心移于右腿，左足掌轻着地；同时，右掌收回俯掌下按于腹前；左掌外旋上托于胸前，左掌、左足与鼻尖“三尖相照”；目随双掌注视远方（图3–305）。

动作四：右腿松沉坐稳，左胯根微向后抽；左掌内旋，以肘为轴，掌根下塌收回，掌心向下，两掌同高（图3–306）。随即两掌上提于胸前，左足向前迈一小步，右足跟步，两腿左实右虚，双足成三角形；两掌向前按出，合于胸前，两劳宫有相互吸引之意；目向前视（图 3-307）。

要点：该式不完全同前式倒撵猴，前式打的四隅角朝向，该式打的是西北、西南方，倒撵猴主打旋捌劲，在“斜撤得横”主旨下，两臂运作同身体旋转要协调一致，要有轻灵圆活之趣。

图 3-302

图 3-303

图 3-304

图 3-305

图 3-306

图 3-307

第七十七式　右倒撵猴

图 3-308

动作一：左腿松沉坐稳，右足尖移于左足踵后侧点地，随即以左足踵、右足尖为轴向右后拧旋；同时，身体右后旋约 225°，胸腹中线冲向南方；右掌松肩沉肘掩于胸前，掌心侧向左；左掌上提于左耳旁，指尖向前，掌心向里；目光注视前方（图 3-308）。

动作二：左足踏稳，右足轻轻铲出落地踏实，右膝前弓，左足蹬地，左膝根前掩裹裆，成右弓步；随体右旋重心前移，右掌下采于右膝前；左掌外旋坐腕，立掌向胸前按出，高与口平，指尖向上，掌心侧向上；面向南偏西，目视远方落放点（图 3-309、图 3-310）。

图 3-30

图 3-310

动作三：左足前上半步，松胯踏稳，身体微左旋，重心移于左腿，右足掌轻轻着地；同时，左掌内旋下按于腹前；右掌外旋仰掌上托于胸前，右掌、右足与鼻尖“三尖相照”；目光随双掌后前视（图 3–311）。

图 3–311

动作四：左腿屈膝坐稳，右胯微收下沉，右掌内旋下塌收回，掌心向下，与左掌同高（图 3–312）。随即右足前迈一小步，左足跟步，两腿右实左虚，双足呈三角形；同时，双掌上提于胸前，向前按出，合于胸前，两劳宫有相互吸引之意，目向前视（图 3–313）。

要点：可参阅“左倒撵猴”。

图 3–312

图 3–313

第七十八式　左倒撵猴

动作要领同第七十六式左倒撵猴（图 3–314—图 3–318）。

图 3–314

图 3–315

图 3–316

图 3–317

图 3–318

第七十九式 右倒撵猴

动作要领同第七十七式右倒撵猴（图 3-319—图 3-324）。

图 3-319

图 3-320

图 3-321

图 3-322

图 3-323

图 3-324

第八十式 提手上势

动作要领同第二十六式提手上势（图 3–325、图 3–326）。

图 3–325

图 3–326

第八十一式 白鹤亮翅

动作要领同第二十七式白鹤亮翅（图 3–327—图 331）

图 3–327

图 3–328

图 3-329

图 3-330

图 3-331

第八十二式　左搂膝拗步

动作一：以右足踵为轴与左足尖同时向左旋转，转体约135°，面对东方，成左虚步；同时，两臂放松，左掌划弧至左胯前，掌心斜向下；右掌外旋向上掩至胸前，掌心向里，意在五指；目光引导身体左旋（图 3-332）。

动作二：右腿屈膝踏稳，身体右转至鼻尖与右足相照，随转体，右掌五指微屈向下"勾搂"，再经胸前向右上扬起，掌心向里，指尖向左前；左掌同时上截护于右臂肘处，掌心向内，指尖斜向右上；目视右掌（图 3-333、图 3-334）。

动作三：右腿坐稳，左足轻轻向东北方铲出，右足蹬地，身体左旋，尾闾前送，落左胯，两股裹裆,成左弓步；同时，右掌自头侧下沉内旋坐腕立掌向前打出，五指微屈，掌根吐劲上挫，高与口平；左掌向左膝前搂按，肘微撑，指尖向前；目视前方，意在右掌根，面向东北（图 3-335、图 3-336）

动作四：左腿落稳，右腿前跟半步，落胯屈膝踏稳，重心移向右腿，左足尖虚点于右脚前；同时，右掌边外旋边向里掩回收，掌心向上；左掌外旋自右前臂下向前穿出，五指微并，指尖向前，随即左腕内旋外挫，掌心向左，右掌护于右前臂里侧；目视前方（图 3–337）。

接着左胯微收，左掌下按，右掌内旋也下按，双掌同时收于腹前，掌心向下（图 3–338）。

上动不停，左足向前上步，膝前弓，重心前移；右足跟步至左足踵后侧，成三角形步；同时，双掌徐徐向前按出，合于

图 3–332

图 3–333

图 3–334

图 3–335

图 3–336

图 3–337

胸前，高与肩平，掌心侧向前，两掌劳宫穴有相互吸引之意；目向前视（图 3–339）。

图 3–338

图 3–339

要点：该式搂膝前有“白虎洗脸”、穿掌进腿、旋腕外拉等技巧，要细心把握，其余参阅前左搂膝拗步势说明。

第八十三式　手挥琵琶势

动作要领同二十九式手挥琵琶势（图 3–340—图 3–342）。

图 3–340

图 3–341

图 3–342

第八十四式　俯身按势

动作一：右腿稳好重心，左足收回虚点，成左虚步；同时，左掌收回下按，右掌微向上提，掌心向上，指尖向左；目光观顾双掌回环（图 3–343）。

动作二：右腿松沉坐稳，上体微上拔，右掌随体上拔先向右划一小弧，旋即自胸前中线下按，掌心向下，指尖向左；左掌向左微按于左膝外侧，肘部微撑，掌心向下；意贯右掌劳宫，目随右掌，定势前视。（图 3–344—图 3–346）

图 3–343

图 3–344

图 3–345

图 3–346

要点：下按要劲起于脚跟，注于腰间，通于脊背，肩催肘，肘催手，节节贯串，形于手指。

第八十五式　青龙出水

动作一：右腿松沉踏稳，上体抬起，左足尖铲出，足踵落地；右掌内旋上掤于头右侧方，左掌随之上移于胸前；目光注视前方（图 347）

动作二：左膝前弓，右足蹬地，成左弓步；右掌前推置于右额前方，掌心向外，虎口斜向下；左掌外旋向左膝前推出，虎口向上，高与肩平，两掌虎口上下遥相呼应，左掌、左足和鼻尖“三尖相照”；目光注视远方落放点，有推山填海之势(图3–348)。

图 3–347

图 3–348

要点：本式与三十一式青龙出水用法不同，运势内旋上掤，合力向前掷发，要正身正胯，肩要松，肘要沉，双臂双腿伸缩自如，上下相随，连绵不断，一气呵成，内含弹抖之劲。

第八十六式　风摆荷叶

动作一：左足掌向右后扣拧，带动身体右旋约 135°，面向西方；右足随体转轻提落下，虚点于左足前，成左虚步；同时，右臂屈肘移护于腹前；左掌划弧向上掤于胸前上方，松肩沉肘，劲贯指尖；目光注视前方（图 3–349）。

动作二：左腿松沉踏稳，右足轻轻向前铲出落地前弓，左足蹬地，成右弓步；同时，左掌内旋上掤于额头前上方；右掌内旋舒臂坐腕立掌向前推出，高与口平，右掌、右足与鼻尖，三尖相照；目光前视（图 3–350）。

图 3–349

图 3–350

要点：该式与第三十二式风摆荷叶不尽相同，含有回身左掌闪击之势，见手即打，出手迅捷，连环运用，是短打法中“闭门铁扇子”之用法。

第八十七式　火焰钻心

动作一：左腿坐稳，右腿后撤，左足虚点于右脚前，成左虚步；同时，双掌外旋向胸前捋回，左掌高与肩平，右掌与左肘同高；面向西方，目光随左掌回捋（图 3–351）。

动作二：接上势，左胯根微收松沉，右足蹬地，成左弓步；同时，两掌在腰脊划一竖圆带动下向前推出，左掌指尖齐鼻，右掌与右肘同高；面向西南方，目视前方远处（图 3–352）。

动作三：左足尖里扣，身体微右旋，右足前迈虚点于左脚前，成右虚步；同时，左臂前掩护于胸前，右掌自左前臂外侧向前穿出上捌，高与口平，掌心向里；左掌附于右前臂里侧；面向西方，目光注视前方（图 3–353）。

图 3–351

图 3–352

图 3–353

左腿松沉踏稳，右足向前上步前弓，左足蹬伸，成右弓步；同时，右肘回屈，右掌内旋经胸前向下、向前划一圆弧穿出，手与胸口平，五指并拢，掌心侧向右；左掌护于右腕旁；目视前方（图 3–354—图 3–356）

动作四：左腿松沉坐稳，右足收回虚点于左脚前，成右虚步；同时，右掌外旋掌根下切，双手同时收回于腹前（图3–357、图 3–358）。

图 3–354

图 3–355

图 3–356

图 3–357

图 3–358

上势不停，右足向前上步，左足跟步于右足踵左后侧，成三角步；随重心前移之势，双掌提起向前徐徐按出，两掌劳宫有相互吸引之意；目向前视（图 3–359、图 3–360）。

要点：该式是武派太极“一时短打”的招法，运作时左右臂连环前穿，双臂缠绕如蛇，是武派太极以轻别重的手法。

图 3-359

图 3-360

第八十八式　单鞭

动作要领同第四式单鞭（图 3-361—图 3-363）。

图 3-361

图 3-362

图 3-363

第八十九式　左纭手

动作要领同三十五式左纭手（图 3-364—图 3-366）。

图 3-364

图 3-365

图 3-366

第九十式　右纭手

动作要领同第七十一式右纭手（图 3-367、图 3-368）。

图 3-367

图 3-368

第九十一式　单鞭

动作要领同第四式单鞭（图 3–369—图 3–371）。

图 3–369

图 3–370

图 3–371

第九十二式　扑面掌

动作一：左腿松沉，上体微向左旋，重心移于左腿，右足上前虚点于左足前，成右虚步；身体转向东南方；同时，左掌外旋落下划弧向腹前抄起，掌心向里；右掌外旋向胸前掩裹，劲点在掌根尺骨侧，掌心向里；目光观顾双掌（图 3–372）

图 3–372

动作二：上动不停，右足向前铲出落地，右膝前弓，左足蹬，成右弓步；同时，右掌继续下揽于腹前中线，掌心向上；左掌外旋沿胸腹中线上穿，与口平时，向内旋向前按出，劲点在掌根，左掌、右足与鼻尖三尖相照；面向东南，双目向前注视（图 3–373）。

图 3–373

要点：本式以掌扑面，有居高临下之势，运作时左掌与右掌要配合协调，蹬腿涌身，借身形下塌之势，掌落墙塌之威，故名扑面掌。

第九十三式　高探马

动作一：右足尖里扣，右腿落胯屈膝踏稳，上体左旋，面向东方，左足正步虚点于右足前，成左虚步；同时，左掌外旋松肩沉肘下揽于腹前，掌根下塌，掌心向上；右掌内旋由左臂上向前挥出，掌心向下，指尖斜向左前方，劲点在掌外缘，双臂呈半圆形；目光注视前方（图 3–374）。

图 3–374

要点：运作要中正安舒，有上下对拉、拔长身体之势，双掌连环，柔顺圆活，护住胸腹中线，该式打中寓拿，拿中寓打，变化巧妙。

第九十四式　对心掌

动作一：右腿落胯屈膝下蹲，上体微右旋，重心置于右腿，左足上提向前铲出，足踵着地；同时，右臂屈肘揽于胸前，指尖向左，劲点在掌根；左掌自右腕处向前穿出，掌心向上，高与口平；目光随左掌前穿，面向正东方（图 3–375）。

动作二：左足落地踏稳，左膝前弓，重心前移，右腿蹬伸，成左弓步；同时，左掌外旋向上挑起于头前方，掌心侧向左后，指尖向上；右掌内旋坐腕立掌向前徐徐按出，掌心侧向前，高与口平；目光注视远方落放点（图 3–376）。

图 3–375

图 3–376

要点：左掌上抄，右掌前按，前弓后蹬，上下一致，动作协调，贯穿一气。

第九十五式　十字腿

动作一：左足里扣踏稳，带动身体向后旋转约 135°，面向西南方，重心移于左腿；同时，右掌外旋，随转身右肘后击，护于胸前，掌心向上；左掌竖臂向上荡起，掌心向右，指尖向上；双目视前方（图 3–377）。

动作二：左腿踏实，重心完全在左腿，身体继续右旋，借身体右旋之势，右腿抽胯提膝，右足自左向右上方弧形摆起，足面绷平，劲点在脚外侧；同时，左掌内旋经面前向下往左迎击右足，右掌掌心向上两掌交叉于胸前（左外右内），形如十字；面向西方，目光随左掌击打足面后，目视前方（图3-378、图 3-379）。

图 3–377

图 3–378

图 3–379

要点：该式老谱名“十字摆莲”“单摆莲”等，转身要保持后击之势，劲贯右肘尖、左掌根，摆腿自然，保持抽杀之势，上踢耳台下踢踝。

第九十六式　上步指裆捶

动作一：接上式，左足蹬地，身体微微纵起，右足向前落下，膝微屈，重心移于右腿，左膝提起，身体微右转；左掌外旋自左向上提截，右掌外旋划弧握拳收于腰胯右侧，拳心向上，肘尖后撑，与左掌有前后对拉之势；面向西方，目光向前注视（图 3–380）。

动作二：左足落地膝前弓，落胯屈膝踏稳，右足蹬地，左胯前送裹裆，身体左旋，成左弓步；同时，左掌搂膝后护于左膝外侧，掌心向下，指尖向上，掌根下塌；右拳内旋向前下方打出，高与裆齐，掌背侧向上，身微前俯；目光视前方（图 3–381、图 3–382）。

图 3–380

图 3–381

图 3–382

要点：本式为太极五捶之一，左膝上顶寓前踢之意，手足动作要配合协调，气势连贯，不可顾此失彼，意发击出，灵动迅猛。

第九十七式　右懒扎衣

动作一：左腿屈膝松胯落稳，身体微右转，右足上步虚点于左足前，成右虚步；随身动右拳外旋自左腕下穿出向前掤起，高与肩平，掌心向右，指尖向上；左掌微向下落，合于右肘里侧，右上左下护住中线；目向前视（图 3–383）。

动作二：左腿松沉踏实，右胯微抽膝上提，右足轻轻向前铲出，着地后踏实前弓，左足蹬地，左胯前送掩裆，重心前移，成右弓步；同时，双掌微内旋，右上左下，随同身体向前挤出，有推山撼岳之意，右掌高与鼻齐，左掌高同右肘，掌心向前；目视前方落放点（图 3–384）。

要点：参阅前式懒扎衣说明，细节略有不同，习者注意。

图 3–383

图 3–384

第九十八式　白蛇吐芯

动作一：右腿松沉踏稳，左腿前跟半步；同时，右掌内旋弧形下按，掌心向外，松肩沉肘；意在左掌劳宫，面向西方，目光随双掌环绕（图 3–385）。

动作二：左足踏实，右足前上半步，落胯踏稳屈膝前弓，左足蹬地，成右弓步；同时，左掌外旋弧形回揽于腹前中线，掌心向上，指尖向右，劲点在

图 3–385

掌缘尺骨处；右掌外旋自左臂上向前刺出，掌心向上，指尖向右，劲点在掌缘尺骨处，高在眼鼻之间；目光注视右掌前方（图 3–386）。

图 3–386

要点：老谱原无此式，是我师吴文翰著书加入。运作要有后足催前足之势，步伐连贯紧凑，轻灵敏捷，推手发放常用此步法；双掌配合绵密紧凑，自下而上，九节劲节节贯串，完整一气。

第九十九式　回身下势

图 3–387

动作一：右足向左扣拧，带动身动旋转约 135°，右足尖向东南，落胯踏实，左足东移足尖点地，两足成不丁不八左虚步；同时，右臂随身动掩护于胸前，掌心向里；左掌内旋下落于腰部右侧，有蓄而待发之势；面向东方，目视前方（图3–387）。

动作二：右腿松沉坐稳，左足尖向前铲出落地，屈膝前弓，右足蹬地，两股裹裆，上体左转，成左弓步；同时，右掌内旋下採于右胯之后，掌心向右；左掌向前挒打于左胯之前，劲点在左掌掌背；目光注视前方（图 3–388—图 3–390）。

动作三：左足内扣，右足后撤，足尖外摆踏实，重心移于右腿；同时，右掌向右后扬起，左掌外旋，屈肘里掩护于胸前，掌心向里，指尖向上；目光观顾两掌动作后向前方注视，有含蓄欲发之势（图 3–391）。

动作四：上势不停，身体右旋，重心置于右腿，右胯松沉内收，右腿屈膝下蹲，左腿松沉下扑，成左仆步；同时，左掌内旋下落旋腕顺左腿里侧高挑，掌心向里，指尖向前；右臂松肩沉肘随身自然下移；目光注视前方（图 3–392）。

要点：本式动作，双臂回绕，身躯旋转，重心下降，要气势连贯，圆转柔顺，如环无端，前进后退，灵活多变，宛如长蛇，击头尾应，击尾头攻，击身则头尾攻之。

图 3–388

图 3–389

图 3–390

图 3–391

图 3–392

第一百式 上步七星

动作一：接上式，左足外摆，右足里扣，上体抬起左转，左膝前弓，重心前移至左腿，右足蹬地，成左弓步；同时，左掌向上掤起，屈臂沉肘，掌心向右，指尖向上；右掌握拳移于右胯之侧，左掌与右肘有前后对拉之意；面向东方，目向前视（图 3-393）。

动作二：左腿松沉踏实，右足提起足尖上勾，向前方蹬出，足踵着地后前弓，左足前蹬，成右弓步；身体右旋，同时，左掌外旋掩护于胸前中线；右拳向前上挑起于右腕里侧，随身动，右拳向外拧旋，与左掌合力向右前方掤出，与肩同高，双臂各呈弧形，左掌、右足与鼻尖三尖相照，有意远劲长之势；面向东方偏南，双目自掌前视（图 3-394—图 3-396）。

图 3-393

图 3-394

图 3-395

图 3-396

要点：接下式前弓，保持稳定，不可摇摆，右拳上穿，右足前蹬，要动作一致，劲藏于内，前掤要松肩沉肘，劲起于足，有一触即发之势。

第一百零一式　退步跨虎

动作一：左腿松沉踏稳，右足自左足里侧撤回落地踏实，上体先微左旋再接右旋，重心后移于右腿，左足移于右足前虚点，随身旋转，右拳松开变掌，双掌微分置于腹前，劲点在掌；目光前视（图 3–397—图 3–399）。

动作二：接上势，右腿继续松沉踏实，涌泉左碾带动身体左旋，左腿自然舒展；同时，左掌内旋下按于左胯外侧，掌根下塌，掌心向下，指尖向前；右掌弧形上掤于右额前上方，掌心向外，臂呈弧形，鼻尖、肚脐与右足相照；双目前视(图3–400)。

要点：跨虎式为戚继光长拳拳势之一，歌诀云："跨虎式挪移发脚，要腿去不使他知。"退步旋转，要立身中正，不可左右歪斜，旋转圆活中，用意指挥动作，舒展中寓紧凑，开中有合，护住中线。

图 3–397

图 3–398

图 3-399

图 3-400

第一百零二式　转身摆腿

动作一：接上式，以右脚掌为轴，带动身体向右后旋转一周，左足扫蹚一周落地；伴随身体右旋，左掌自左胯侧弧形荡起向右后闪击，约与口平，掌心向下；右掌弧形划圆内旋置于头右侧，掌心向外，指尖斜向左上，两掌心遥相呼应，意在两掌；目光平视引导身体右旋，观顾双掌回环（图 3-401—图3-403）。

图 3-401

图 3-402

图 3-403

动作二：体重完全置于左腿，左腿松胯屈膝踏稳，右腿提膝足尖下垂，随即身体微左旋再向右旋，右胯根外旋，带动右腿自左向右弧形外摆；同时，双掌右上左下在胸前迎击右足，左掌先右掌后拍击脚面右侧，清脆有声；目光观顾双掌迎击右足（图 3–404、图 3–405）。

动作三：身体微向左旋，左腿稳定重心，右腿屈膝收回；两掌随身体移于左后方约 45°斜角处，左掌高与头平，右掌高与肩平，掌心均向外。随即左腿屈膝下蹲，右腿顺势前仆，成右仆步；同时，右掌自胸向前抄穿；身体对西南方，目视右掌前穿（图 3–406、图 3–407）。

图 3–404

图 3–405

图 3–406

图 3–407

要点：该式老谱旧名“转脚摆莲”，为更符合拳势运作的特点，易名为“转身摆腿”，运作中旋转若旋风，敏捷中求稳定，保持身法正确，提顶吊裆，松肩沉肘，含胸拔背，气沉丹田，伏身下势，左掌抹眉，右掌抄腿，“海底捞月”之动作。

第一百零三式　弯弓射虎

动作一：右腿前弓，身体渐起右旋，同时左腿跟前半步，左足虚点于右脚左侧后方；双臂松肩沉肘，随同重心移于腹前，双掌变握拳护于腹前；面向西南方，目视双拳（图 3-408）。

动作二：左足尖移于右足踵后，以右足踵、左足尖为轴身体后转约 135°，随即右腿松沉踏稳，左足轻轻铲出着地后前弓，后足蹬地，后腿伸展，右胯前掩裹裆，成左弓步；同时，双拳内旋上提随转体向前打出，左拳虎口斜向内上，与胸同高，右拳虎口向前下，护于右额上方，松肩沉肘，双臂呈弧形，形似弯弓持箭，两拳虎口遥遥相向，鼻尖与左拳、左足“二尖相照”；目光向前注视（图 3-409、图 3-410）。

图 3-408

图 3-409

图 3-410

要点：本式状如人在马上，弯弓凝神下射，故此得名。运作双腿的虚实变化，两臂之缠绕运转协调一致，双拳挥出，隐含螺旋之劲，定势时气向下沉，劲往前发。

第一百零四式　双抱捶

动作一：左足尖内扣，身体右旋转动约 90°，胸腹中线向东南，左腿松沉踏实，右腿抽胯提膝足尖下垂，点于右足前，成右虚步；同时，双臂松肩沉肘，双拳内旋随转体下捋含採，弧形下落于腰胯前，拳心向内，意在拳背，双肘微外撑；目光注视前方，有蓄劲前发之势（图 3–411、图 3–412）。

动作二：右足向前铲出落地后膝前弓，重心前移，落胯屈膝踏稳，左足向前虚点于右足前，成左虚步；同时，松肩沉肘，双拳边内旋边向前上打出，拳心侧向下，虎口侧向上，高与肩平，双臂呈弧形；双目前视（图 3–413）。

要点：双抱捶亦名“双撞捶”，为太极五捶之一。双拳前撞，要涌身步进，身如潮涌，劲贯双拳，脱扣而出，两拳相对，动中寓静，不失中正。

图 3–411

图 3–412

图 3–413

第一百零五式　拴马式

动作一：右腿踏稳，左足后撤一步，落胯屈膝踏实，同时，身体微向左旋，重心移于左腿；右臂屈肘，右拳外旋护于胸前，高与肩平，拳心向内；左拳外旋合于右肘里侧，双拳有向内拧裹之势；目光观顾双拳（图 3–414）。

动作二：左腿松沉踏稳，右腿向右后方退一步，落胯屈膝坐稳，身体微右旋，重心后移；右拳内旋下移护胸，拳心向下；左拳自右肘下打出，拳心侧向内；目光随双拳环绕后前视（图 3–415）。

图 3–414

图 3–415

第一百零六式　退步懒扎衣

动作一：右腿松沉踏实，左足收回虚点于左前方，成左虚步；左胯内收，松肩沉肘，双拳变掌，内旋收于胸前，左掌在上，高与肩平，右掌在下，高同左肘，两掌侧立，掌心相向，胸腹微含，有吸引之意；面向东南方，目光注视前方（图3–416）。

动作二：右腿松沉踏稳，左足提起向前铲出，落地后踏实，屈膝前弓，右腿蹬地，尾闾前送，两股裹裆，身体微左旋，成左弓步；同时，双掌内旋，掌心侧向朝前，左上右下，随身前移徐徐挤出，有推山撼岳之意，左掌高与鼻齐，右掌高与胸齐；面向东南，双目视远方落放点（图 3–417）。

图 3–416

图 3–417

要点：本式已近拳架尾声，按传统习惯，拳势何处起就在何处落，所以注意与第二式懒扎衣位置相同，其他同第二式懒扎衣说明。

第一百零七式　十字手

动作一：右足外摆冲向南方，涌泉右旋，膀根微沉，身体右转约 45°，面向正南。然后左足退于右足左侧踏实，足尖冲南，两足与肩同宽，体重平均负担，同无极式，两掌外旋收于两胯前，掌心斜向上，两腿落胯徐徐下蹲，重心下移，松肩撑肘，肩呈弧形，两掌背塌劲，掌心向上，指尖相向；双目视前方（图 3–418）。

动作二：两足涌泉松沉吸地，两足蹬地、膝上挺，上体提顶吊裆；同时，两掌左右分开随身体上升，边内旋边从身体左右弧形向上、向面前合拢，意贯指尖，右掌在外，左掌在内，十字交叉于胸前，掌背含掤劲，与肩同高，双臂圆抱，气势饱满；目向前视（图 3–419、图 3–420）。

要点：十字手，状如十字，变化无常，可守可攻，可挒可捋，可肘可靠，直来横引，正来斜旋，可谓“变化万端”。

图 3–418

图 3–419

图 3–420

第一百零八式　合太极

动作一：双腿落胯屈膝下蹲，涌泉吸地，重心下降；同时，两肘内收下沉，双掌内旋渐向下分开按于膝前，掌根塌劲，掌心向下，指尖向前；目向前视（图 3–421）。

图 3–421

动作二：双足蹬地，身体渐起立，两肘内收，两掌缓缓按于两胯外侧，手臂略屈，身体各部松沉，恢复“无极势”之身法状态；目向前平视（图 3–422、图 3–423）。

图 3–422

图 3–423

要点：该式由动入静，故曰：“合太极。”收势还原，要按无极势要求静立片刻，意守丹田，养吾浩然之气，切记不可草草收势。

第四章 武式太极拳新架一百八十四式赏析

一、武式太极拳新架概述

武式太极拳新架，是已故著名太极拳家、武式太极拳第五代嫡传、河北邢台人陈固安（1913—1993）先生根据自己精心研究武式太极拳 70 余年的体会，在武式老架基础上创编而成的。他以儒家学说为指导，参以兵家奇正虚实之机，医家经络气血之说，道家吐纳导引之功，技击家蓄发提放之巧，保留老架势中的精华，去其重冗，精心组编而成。其内容招法，皆偏重于技击方面。套路手势复杂，动作结合拧裹、钻翻、螺旋、折叠、屈伸、开合等劲别，所以新架套路结构紧密，法术分明，连环不断，姿势舒展，优美圆活，身法皆以几何为是，立身中正，而力点集中，脚蹈三角，身灵步活，进退自如。新架除原有挪、捋、挤、按、採、挒、肘、靠八法外，还侧重于抓、拿、闭。另在势法中含有：穿崩护切，搬拦扑塌，托扎横撞，拧裹搓拉，钻採冲斩，搂勾抖挂，锁劈挑拿等。招法上总的来说，黏着相触，举动不离粘、黏、化、发四字。

练架以“松稳慢匀”为主，行拳走架注重呼吸运气之法。往复折叠，进退转换，抽胯揉胸，螺旋走化，即引即化，即化即发。化劲松静，发劲干脆。“精炼已极，极小亦圈”，粘连不脱，重在松放，不用拙力，意动身随，近身欺人，以身催手，以气发人。新架加强了连环变化之技法，授人以变化之巧。依此习之，自能掌握新架之特点和奥妙，变化莫测，旋转自如。

二、武式太极拳新架一百八十四式拳式名称

1. 起势
2. 左懒扎衣
3. 如封似闭
4. 云手扎掌
5. 下裹手
6. 右懒扎衣
7. 如封似闭
8. 转身单鞭（钻、托、刷）
9. 拦手上势
10. 锁手如封似闭
11. 搂膝打掌
12. 沉肘托掌
13. 揉胸开合手
14. 手挥琵琶
15. 托手迎面掌（抄、沉、托）
16. 步斗摘星
17. 猿猴伸臂
18. 跨步云掌
19. 三合掌
20. 撩阴腕打
21. 搬拦捶
22. 如封似闭
23. 抱虎归山
24. 外旋合手
25. 退步挂懒扎衣
26. 旋腰合手
27. 拗步抄掌单把
28. 鹞子裹翅
29. 分掌撩阴
30. 凤凰展翅
31. 坐盘劈掌
32. 野马撞槽
33. 抄掌、塌掌、握腕
34. 抱球势
35. 跻步塌掌
36. 抄掌肘底看捶
37. 左右倒撵猴
38. 拳拦
39. 抱球势
40. 横撞
41. 拳拦鹞子钻天
42. 下塌掌
43. 裹手
44. 下扎掌带步托掌
45. 双印掌
46. 提肘栽捶

47. 云手外旋手
48. 合手
49. 搂膝打掌
50. 合手
51. 手挥琵琶
52. 腹底针
53. 弓步闪通背
54. 转身鹰捉
55. 青龙出水
56. 上步双托五花撩阴打
57. 狮子甩尾
58. 懒扎衣
59. 云抹掌拦肘
60. 旋臂挫掌
61. 鹞子抓肩
62. 穿掌下势
63. 右抱球势
64. 左抱球势
65. 十字云手
66. 海底捞山揉缸沿
67. 右高探马
68. 穿掌左高探马
69. 穿掌外旋合手
70. 右分脚
71. 拦膝跻步撞掌
72. 左分脚
73. 拦膝拨撞掌
74. 转身蹬脚
75. 掤手搂膝打掌
76. 猿猴伸臂
77. 践步栽
78. 扭身回身肘
79. 螳螂栽头
80. 抽胯鹰捉
81. 玉蚕吐丝（拿法）
82. 铰手扑掌二起
83. 右伏虎势
84. 大鹏展翅
85. 掤手挤掌
86. 巧捉龙
87. 提膝蹬脚
88. 外摆十字捶
89. 狸猫上树
90. 上步搬拦捶
91. 如封似闭
92. 换手托天掌
93. 三合掌
94. 十字靠
95. 旋手合掌
96. 懒扎衣
97. 下扎掌
98. 斜单鞭
99. 左右云手分掌
100. 野弓分鬃

101. 抱球势
102. 斜飞势
103. 上步外旋手
104. 穿掌腿
105. 挫掌
106. 跻步撩阴
107. 玉女穿梭
108. 鹞子展翅
109. 摩肩横撞
110. 裹手
111. 玉女穿梭
112. 退步懒扎衣
113. 斩手
114. 拦膝抄掌
115. 迭身白虎探爪
116. 拳拦
117. 白猿摘果
118. 摇指寻梅
119. 左右揉球势
120. 穿掌下势
121. 右金鸡独立
122. 燕子抄水
123. 左金鸡独立
124. 抄手跻步打掌
125. 左右蝙蝠觅食
126. 上步拦手
127. 锁手
128. 带步迎门靠
129. 转身白鹤亮翅
130. 白虎洗脸
131. 跻步打掌
132. 左右分水式
133. 腕打迎面掌
134. 螳螂捕蝉
135. 如封似闭
136. 手挥琵琶
137. 海底针
138. 山通背
139. 狮子把门
140. 翻身撇身捶
141. 拳拦
142. 鹞子裹翅
143. 左右扬鞭
144. 环抱太极（一把拿）
145. 击掌
146. 回身撩阴
147. 正身腕打
148. 坐盘挎篮
149. 锦鸡旋窝
150. 狮子抖项
151. 拿臂击掌揉挤
152. 穿掌
153. 云掌下势
154. 扎掌抹脖

155. 带步丹凤朝阳
156. 扎掌塌掌
157. 云手（左右左）
158. 拳拦
159. 玉女捧盒
160. 空心掌
161. 白蛇双吐芯
162. 转身挑掌十字脚
163. 过步指裆捶
164. 青龙探爪（先右、后左）
165. 穿掌盘肘云手
166. 穿掌下势
167. 上步七星捶
168. 退步跨虎
169. 护膝拳拦
170. 抱球势
171. 转身双摆莲
172. 海底捞月
173. 射燕势
174. 带步挫掌
175. 龙形起纵
176. 双抱捶
177. 分手抱捶挫拉掌
178. 栓马势
179. 退步穿掌
180. 懒扎衣
181. 无极势
182. 锁手
183. 十字手
184. 合太极

三、武式太极拳新架一百八十四式拳式图示

图 4–1 起势

图 4–2 起势

图 4–3 起势

图 4–4 起势

图 4–5 起势

图 4–6 起势

图 4–7 起势

图 4–8 起势

图 4–9 起势

图 4–10 起势

图 4–11 起势

图 4–12 左懒扎衣

图 4-13 左懒扎衣

图 4-14 左懒扎衣

图 4-15 如封似闭

图 4-16 如封似闭

图 4-17 如封似闭

图 4-18 云手扎掌

图 4-19 云手扎掌

图 4-20 云手扎掌

图 4-21 云手扎掌

图 4-22 云手扎掌

图 4-23 云手扎掌

图 4-24 裹手

图 4-25 右懒扎衣

图 4-26 如封似闭

图 4-27 如封似闭

图 4-28 如封似闭

图 4-29 转身单鞭

图 4-30 转身单鞭

图 4-31 转身单鞭

图 4-32 转身单鞭

图 4-33 转身单鞭

图 4-34 拦手上势

图 4-35 拦手上势

图 4-36 拦手上势

图 4-37 拦手上势

图 4-38 锁手如封似闭

图 4-39 锁手如封似闭

图 4–40 锁手如封似闭

图 4–41 搂膝打掌

图 4–42 搂膝打掌

图 4–43 沉肘托掌

图 4–44 揉胸开合手

图 4–45 揉胸开合手

图 4–46 手挥琵琶

图 4–47 手挥琵琶

图 4–48 托手迎面掌

图 4–49 托手迎面掌

图 4–50 托手迎面掌

图 4–51 步斗摘星

图 4–52 猿猴伸臂

图 4–53 跨步云掌

图 4–54 跨步云掌

图 4–55 三合掌

图 4–56 撩阴腕打

图 4–57 搬拦捶

图 4–58 搬拦捶

图 4–59 搬拦捶

图 4–60 搬拦捶

图 4–61 如封似闭

图 4–62 如封似闭

图 4–63 如封似闭

图 4–64 抱虎归山

图 4–65 抱虎归山

图 4–66 外旋合手

图 4–67 外旋合手

图 4–68 外旋合手

图 4–69 退步挂懒扎衣

图 4–70 退步挂懒扎衣

图 4–71 旋腰合手

图 4–72 旋腰合手

图 4–73 拗步抄掌单把

图 4–74 拗步抄掌单把

图 4–75 拗步抄掌单把

图 4–76 拗步抄掌单把

图 4–77 鹞子裹翅

图 4–78 鹞子裹翅

图 4–79 分掌撩阴

图 4–80 分掌撩阴

图 4–81 凤凰展翅

图 4–82 凤凰展翅

图 4–83 坐盘劈掌

图 4–84 野马撞槽

图 4–85 野马撞槽

图 4–86 抄掌塌掌握腕

图 4–87 抄掌塌掌握腕

图 4–88 抄掌塌掌握腕

图 4–89 抄掌塌掌握腕

图 4–90 抱球势

图 4–91 抱球势

图 4–92 抱球势

图 4–93 抱球势

图 4–94 跻步塌掌

图 4–95 抄掌肘底看捶

图 4–96 抄掌肘底看捶

图 4–97 左右倒撵猴

图 4–98 左右倒撵猴

图 4–99 左右倒撵猴

图 4–100 左右倒撵猴

图 4–101 左右倒撵猴

图 4–102 左右倒撵猴

图 4–103 左右倒撵猴

图 4–104 左右倒撵猴

图 4–105 左右倒撵猴

图 4–106 左右倒撵猴

图 4–107 左右倒撵猴

图 4–108 左右倒撵猴

图 4–109 左右倒撵猴

图 4–110 左右倒撵猴

图 4–111 左右倒撵猴

图 4-112 左右倒撵猴

图 4-113 左右倒撵猴

图 4-114 左右倒撵猴

图 4-115 左右倒撵猴

图 4-116 左右倒撵猴

图 4-117 左右倒撵猴

图 4-118 左右倒撵猴

图 4-119 拳拦

图 4-120 拳拦

图 4–121 抱球势

图 4–122 抱球势

图 4–123 横撞

图 4–124 拳拦鹞子钻天

图 4–125 拳拦鹞子钻天

图 4–126 拳拦鹞子钻天

图 4–127 下塌掌

图 4–128 裹手

图 4–129 下扎掌带步托掌

图 4–130 下扎掌带步托掌

图 4–131 双印掌

图 4–132 提肘栽捶

图 4–133 提肘栽捶

图 4–134 云手外旋手

图 4–135 云手外旋手

图 4–136 合手

图 4–137 合手

图 4–138 搂膝打掌

图 4–139 搂膝打掌

图 4–140 合手

图 4–141 合手

图 4–142 合手

图 4–143 合手

图 4–144 手挥琵琶

图 4–145 手挥琵琶

图 4–146 腹底针

图 4–147 腹底针

图 4-148 弓步闪通背

图 4-149 弓步闪通背

图 4-150 转身鹰捉

图 4-151 转身鹰捉

图 4-152 青龙出水

图 4-153 上步双托五花撩阴打

图 4-154 上步双托五花撩阴打

图 4-155 上步双托五花撩阴打

图 4-156 上步双托五花撩阴打

图 4-157 狮子甩尾

图 4-158 狮子甩尾

图 4-159 狮子甩尾

图 4-160 狮子甩尾

图 4-161 懒扎衣

图 4-162 懒扎衣

图 4-163 云抹掌拦肘

图 4-1164 云抹掌拦肘

图 4-165 旋臂挫掌

图 4-166 鹞子抓肩

图 4-167 鹞子抓肩

图 4-168 穿掌下势

图 4-169 穿掌下势

图 4-170 右抱球势

图 4-171 右抱球势

图 4-172 右抱球势

图 4-173 左抱球势

图 4-174 左抱球势

图 4–175 十字云手

图 4–176 十字云手

图 4–177 十字云手

图 4–178 十字云手

图 4–179 十字云手

图 4–180 十字云手

图 4–181 十字云手

图 4–182 十字云手

图 4–183 十字云手

图 4–184 十字云手

图 4–185 十字云手

图 4–186 十字云手

图 4–187 十字云手

图 4–188 十字云手

图 4–189 海底捞山揉缸沿

图 4–190 海底捞山揉缸沿

图 4–191 海底捞山揉缸沿

图 4–192 海底捞山揉缸沿

图 4–193 海底捞山揉缸沿

图 4–194 海底捞山揉缸沿

图 4–195 海底捞山揉缸沿

图 4–196 海底捞山揉缸沿

图 4–197 海底捞山揉缸沿

图 4–198 右高探马

图 4–199 右高探马

图 4–200 右高探马

图 4–201 穿掌左高探马

图 4-202 穿掌左高探马

图 4-203 穿掌左高探马

图 4-204 穿掌左高探马

图 4-205 穿掌外旋合手

图 4-206 穿掌外旋合手

图 4-207 穿掌外旋合手

图 4-208 右分脚

图 4-209 右分脚

图 4-210 右分脚

图 4-211 拦膝跻步撞掌

图 4-212 拦膝跻步撞掌

图 4-213 左分脚

图 4-214 左分脚

图 4-215 左分脚

图 4-216 拦膝拨撞掌

图 4-217 拦膝拨撞掌

图 4-218 转身蹬脚

图 4-219 转身蹬脚

图 4-220 转身蹬脚

图 4-221 掤手搂膝打掌

图 4-222 掤手搂膝打掌

图 4-223 猿猴伸臂

图 4-224 践步栽捶

图 4-225 践步栽捶

图 4-226 扭身回身肘

图 4-227 螳螂栽头

图 4-228 抽胯鹰捉

图 4-229 玉蚕吐丝

图 4-230 绞手扑掌二起

图 4-231 绞手扑掌二起

图 4-232 绞手扑掌二起

图 4-233 右伏虎势

图 4-234 大鹏展翅

图 4-235 大鹏展翅

图 4-236 大鹏展翅

图 4-237 掤手挤掌

图 4-238 掤手挤掌

图 4-239 掤手挤掌

图 4-240 掤手挤掌

图 4-241 掤手挤掌

图 4-242 巧捉龙

图 4-243 巧捉龙

图 4-244 提膝蹬脚

图 4-245 提膝蹬脚

图 4-246 外摆十字捶

图 4-247 外摆十字捶

图 4-248 外摆十字捶

图 4-249 狸猫上树

图 4-250 狸猫上树

图 4-251 狸猫上树

图 4-252 上步搬拦捶

图 4-253 上步搬拦捶

图 4-254 如封似闭

图 4-255 如封似闭

图 4-256 如封似闭

图 4-257 如封似闭

图 4-258 换手托天掌

图 4-259 三合掌

图 4-260 三合掌

图 4-261 十字靠

图 4-262 十字靠

图 4-263 十字靠

图 4-264 旋手合掌

图 4–265 旋手合掌

图 4–266 旋手合掌

图 4–267 懒扎衣

图 4–268 懒扎衣

图 4–269 下扎掌

图 4–270 下扎掌

图 4–271 斜单鞭

图 4–272 斜单鞭

图 4–273 斜单鞭

图 4-274 斜单鞭

图 4-275 左右云手分掌

图 4-276 左右云手分掌

图 4-277 野马分鬃

图 4-278 野马分鬃

图 4-279 野马分鬃

图 4-280 野马分鬃

图 4-281 野马分鬃

图 4-282 野马分鬃

图 4-283 野马分鬃

图 4-284 抱球势

图 4-285 抱球势

图 4-286 抱球势

图 4-287 斜飞势

图 4-288 斜飞势

图 4-289 斜飞势

图 4-290 上步外旋手

图 4-291 穿掌腿

图 4-292 穿掌腿

图 4-293 穿掌腿

图 4-294 穿掌腿

图 4-295 挫掌

图 4-296 挫掌

图 4-297 跻步撩阴

图 4-298 玉女穿梭

图 4-299 鹞子展翅

图 4-300 摩肩横撞

图 4-301 裹手

图 4-302 玉女穿梭

图 4-303 玉女穿梭

图 4-304 玉女穿梭

图 4-305 玉女穿梭

图 4-306 玉女穿梭

图 4-307 玉女穿梭

图 4-308 玉女穿梭

图 4-309 玉女穿梭

图 4-310 玉女穿梭

图 4-311 玉女穿梭

图 4-312 玉女穿梭

图 4-313 玉女穿梭

图 4-314 玉女穿梭

图 4-315 玉女穿梭

图 4-316 玉女穿梭

图 4-317 玉女穿梭

图 4-318 退步懒扎衣

图 4-319 退步懒扎衣

图 4-320 退步懒扎衣

图 4-321 退步懒扎衣

图 4-322 斩手

图 4-323 斩手

图 4-324 拦膝抄掌

图 4-325 拦膝抄掌

图 4-326 拦膝抄掌

图 4-327 拦膝抄掌

图 4-328 迭身白虎探爪

图 4-329 迭身白虎探爪

图 4-330 拳拦

图 4-331 拳拦

图 4-332 白猿摘果

图 4-333 遥指寻梅

图 4-334 遥指寻梅

图 4-335 左右揉球势

图 4-336 左右揉球势

图 4–337 左右揉球势

图 4–338 左右揉球势

图 4–339 左右揉球势

图 4–340 左右揉球势

图 4–341 左右揉球势

图 4–342 左右揉球势

图 4–343 左右揉球势

图 4–344 左右揉球势

图 4–345 左右揉球势

图 4–346 左右揉球势

图 4–347 左右揉球势

图 4–348 左右揉球势

图 4–349 穿掌下势

图 4–350 穿掌下势

图 4–351 右金鸡独立

图 4–352 右金鸡独立

图 4–353 右金鸡独立

图 4–354 燕子抄水

图 4-355 燕子抄水

图 4-356 燕子抄水

图 4-357 左金鸡独立

图 4-358 左金鸡独立

图 4-359 抄手跻步打掌

图 4-360 抄手跻步打掌

图 4-361 左右蝙蝠觅食

图 4-362 左右蝙蝠觅食

图 4-363 左右蝙蝠觅食

图 4–364 左右蝙蝠觅食

图 4–365 左右蝙蝠觅食

图 4–366 左右蝙蝠觅食

图 4–367 左右蝙蝠觅食

图 4–368 左右蝙蝠觅食

图 4–369 左右蝙蝠觅食

图 4–370 左右蝙蝠觅食

图 4–371 左右蝙蝠觅食

图 4–372 左右蝙蝠觅食

图 4–373 左右蝙蝠觅食

图 4–374 左右蝙蝠觅食

图 4–375 左右蝙蝠觅食

图 4–376 左右蝙蝠觅食

图 4–377 左右蝙蝠觅食

图 4–378 左右蝙蝠觅食

图 4–379 上步拦手

图 4–380 上步拦手

图 4–381 上步拦手

图 4–382 锁手

图 4–383 带步迎门靠

图 4–384 带步迎门靠

图 4–385 转身白鹤亮翅

图 4–386 转身白鹤亮翅

图 4–387 白虎洗脸

图 4–388 白虎洗脸

图 4–389 跻步打掌

图 4–390 跻步打掌

图 4-391 左右分水式

图 4-392 左右分水式

图 4-393 左右分水式

图 4-394 左右分水式

图 4-395 左右分水式

图 4-396 左右分水式

图 4-397 腕打迎面掌

图 4-398 腕打迎面掌

图 4-399 腕打迎面掌

图 4-400 腕打迎面掌

图 4-401 螳螂捕蝉

图 4-402 螳螂捕蝉

图 4-403 如封似闭

图 4-404 如封似闭

图 4-405 手挥琵琶

图 4-406 手挥琵琶

图 4-407 海底针

图 4-408 海底针

图 4-409 山通背

图 4-410 山通背

图 4-411 狮子把门

图 4-412 狮子把门

图 4-413 狮子把门

图 4-414 狮子把门

图 4-415 狮子把门

图 4-416 狮子把门

图 4-417 狮子把门

图 4-418 狮子把门

图 4-419 翻身撇身捶

图 4-420 翻身撇身捶

图 4-421 翻身撇身捶

图 4-422 拳拦

图 4-423 拳拦

图 4-424 鹞子裹翅

图 4-425 鹞子裹翅

图 4-426 左右扬鞭

图 4–427 左右扬鞭

图 4–428 左右扬鞭

图 4–429 左右扬鞭

图 4–430 怀抱太极

图 4–431 怀抱太极

图 4–432 击掌

图 4–433 回身撩阴

图 4–434 回身撩阴

图 4–435 正身腕打

图 4-436 坐盘挎篮

图 4-437 坐盘挎篮

图 4-438 坐盘挎篮

图 4-439 锦鸡旋窝

图 4-440 狮子抖项

图 4-441 拿臂击掌揉挤

图 4-442 拿臂击掌揉挤

图 4-443 拿臂击掌揉挤

图 4-444 拿臂击掌揉挤

图 4-445 拿臂击掌揉挤

图 4-446 拿臂击掌揉挤

图 4-447 拿臂击掌揉挤

图 4-448 拿臂击掌揉挤

图 4-449 拿臂击掌揉挤

图 4-450 穿掌

图 4-451 穿掌

图 4-452 云掌下势

图 4-453 云掌下势

图 4–454 扎掌抹脖　图 4–455 扎掌抹脖　图 4–456 带步丹凤朝阳

图 4–457 带步丹凤朝阳　图 4–458 扎掌塌掌　图 4–459 扎掌塌掌

图 4–460 云手(左右左)　图 4–461 云手(左右左)　图 4–462 云手(左右左)

图 4–463 云手(左右左)

图 4–464 云手(左右左)

图 4–465 云手(左右左)

图 4–466 云手(左右左)

图 4–467 云手(左右左)

图 4–468 云手(左右左)

图 4–469 云手(左右左)

图 4–470 云手(左右左)

图 4–471 云手(左右左)

图 4-472 云手(左右左)

图 4-473 云手(左右左)

图 4-474 云手(左右左)

图 4-475 云手(左右左)

图 4-476 云手(左右左)

图 4-477 云手(左右左)

图 4-478 云手(左右左)

图 4-479 云手(左右左)

图 4-480 云手(左右左)

图 4–481 云手(左右左)

图 4–482 云手(左右左)

图 4–483 云手(左右左)

图 4–284 奉拦

图 4–285 玉女捧盒

图 4–286 定心掌

图 4–287 定心掌

图 4–288 白蛇双吐芯

图 4–289 白蛇双吐芯

图 4-490 转身挑掌十字脚

图 4-491 转身挑掌十字脚

图 4-492 过步指裆捶

图 4-493 过步指裆捶

图 4-494 过步指裆捶

图 4-495 青龙探爪

图 4-496 青龙探爪

图 4-497 穿掌盘肘云手

图 4-498 穿掌盘肘云手

图 4–499 穿掌盘肘云手

图 4–500 穿掌盘肘云手

图 4–501 穿掌盘肘云手

图 4–502 穿掌盘肘云手

图 4–503 穿掌盘肘云手

图 4–504 穿掌下势

图 4–505 穿掌下势

图 4–506 穿掌下势

图 4–507 上步七星捶

图 4–508 上步七星捶

图 4–509 上步七星捶

图 4–510 退步跨虎

图 4–511 退步跨虎

图 4–512 护膝拳拦

图 4–513 抱球势

图 4–514 转身双摆莲

图 4–515 转身双摆莲

图 4–516 转身双摆莲

图 4–517 转身双摆莲

图 4–518 海底捞月

图 4–519 海底捞月

图 4–520 海底捞月

图 4–521 海底捞月

图 4–522 海底捞月

图 4–523 射雁势

图 4–524 射雁势

图 4–525 带步挫掌

图 4–526 龙形起纵

图 4–527 龙形起纵

图 4–528 龙形起纵

图 4–529 龙形起纵

图 4–530 双抱捶

图 4–531 双抱捶

图 4–532 分手抱捶挫拉掌

图 4–533 分手抱捶挫拉掌

图 4–534 分手抱捶挫拉掌

图 4–535 分手抱捶挫拉掌

图 4–536 分手抱捶挫拉掌

图 4–537 拴马式

图 4–538 拴马式

图 4–539 退步穿掌

图 4–540 懒扎衣

图 4–541 无极势

图 4–542 无极势

图 4–543 锁手

图 4–544 锁手

图 4–545 十字手

图 4–546 合太极

图 4–547 合太极

第五章　武式太极长拳一百零八式图解

一、武式太极长拳概述

武式太极长拳一百零八式，是我国著名武术家、武式太极拳一代宗师陈固安老先师，根据自己习武70余年的经验、心得体会，以武式太极拳为主体，吸收了心意拳、形意拳、八卦掌、查拳等优秀技法精心组织而成。该拳保留了武式太极拳轻灵圆活、浑厚沉实的特点，演练起来更加流畅大方，敏捷紧凑，劲力精巧，动作神速灵妙，屈伸自如，腾闪扑击，沉猛多变，闪展灵活，声东击西，变化莫测，出手无露招，往来皆致用，练之以精神，发之于外表，气势风韵别具一格，有较高实用价值，适合广大青少年学习演练，也适合有志武学者研究探讨。

二、武式太极长拳一百零八式拳式名称

1. 起势
2. 提腕分掌锁手，向左双扑掌
3. 左右抄肘外旋三合掌
4. 抄左手横击云手
5. 抱球横撞
6. 挽手穿靠
7. 下塌掌
8. 里裹手
9. 穿掌下势
10. 上步撩阴掌
11. 搂膝挫掌
12. 迎门腿穿掌
13. 左右懒扎衣

14. 狸猫上树
15. 拳拦
16. 拗步搬拦捶
17. 双抱捶
18. 鹞子括翅
19. 过步十字靠
20. 外旋手双把
21. 穿掌
22. 下扎掌
23. 里裹手
24. 腕打回身掌
25. 挫步裹横
26. 怀抱顽石
27. 龙形起纵
28. 腾跃钻崩捶
29. 贴身连环踢打
30. 抄手拦腰斩
31. 旋风掌
32. 云掌下势
33. 跃步栽捶
34. 翻身三劈掌
35. 反腕切掌，穿掌提右膝，挫拉掌
36. 翻身撇身捶
37. 拳拦
38. 左右鹞子抓肩
39. 击掌抹嗦
40. 旋臂拧身朝阳捶
41. 单元炮
42. 下塌掌，裹手、穿掌
43. 燕子抄手（上步左右穿掌，回身下势插花掌）
44. 抄掌琵琶势
45. 退步击掌倒撵猴
46. 进步三磨掌回身斜飞势
47. 飞身旋手栽捶
48. 鹰捉水里按瓢
49. 大鹏展翅
50. 伏虎巧捉龙
51. 提膝蹬脚
52. 转身蹬脚
53. 震脚劈掌
54. 上步崩拳
55. 如封似闭
56. 回身肘盖掌
57. 活腕擒臂击掌
58. 闪通背
59. 懒扎衣
60. 云掌抹脖抄肘塌掌
61. 拳拦扑脚
62. 后扫挫掌
63. 抓肩拐线顶肘

64. 挑打
65. 旋手击腹
66. 拳拦摘星掌（接左跻步打掌）
67. 倒撵猴（打右、左、右三个）
68. 蝴蝶穿花（打四角）
69. 锁手，提腕单把白猿击鼓
70. 抄肘转身琵琶势
71. 左右轰掌，提膝撞掌
72. 白蛇吐芯（抄掌，顶心肘，拗步，提肘云手）
73. 左、右高探马
74. 抄左手蹬右腿
75. 转身蹬左腿
76. 里合蹬，右腿蹬脚
77. 五花拗步撩阴捶（接反冲拳）
78. 搬拦腿
79. 车轮炮
80. 旋右手上左步挤掌
81. 腰里斩
82. 挫把螳螂捕食
83. 鹞子入林
84. 摇枝寻梅
85. 拳拦钻靠
86. 挑领挫把（回身接三合掌）
87. 虎扑双撞掌，穿掌
88. 活腕扭身揉球，拨手撞掌
89. 三合掌野马分鬃
90. 提肘挫掌
91. 鹰捉冲拳
92. 鸡形跳脚（左、右、左、右、左）
93. 白鹤亮翅
94. 白虎洗脸，三腕打
95. 劈掌海底针
96. 绞手跺子腿横拳
97. 抄手单把
98. 震脚，玉女捧盒，顶心掌
99. 转身十字腿过步指裆捶
100. 穿掌回身下势上步七星捶
101. 退步跨虎
102. 拳拦、摆莲腿
103. 海底捞月（接外旋手）
104. 鹞子穿林

105. 仙人卧床
106. 四方十字把
107. 环形裹横
108. 合太极

三、武式太极长拳拳式图解

上半路

1. 起势

两脚开立与肩同宽，两臂自然下垂，头正、身直、肩平；目视前方。随即两手上托翻腕推把下沉，两膝屈蓄成无极势（图 5-1—图5-7）。

图 5-1

图 5-2

图 5-3

图 5-4

图 5–5

图 5–6

图 5–7

2. 提腕分掌锁手，向左双扑拳

腰向右微转，两手握腕上提，身体转正，两手胸前锁合，抬左脚落脚跟，身体向左转，两手抱于胸前（图 5–8—图 5–10）。

图 5–8

图 5–9

图 5–10

3. 左右抄肘外旋三合掌

右手自左手下方抄出，向右转体，右手外旋在上，左手外旋在下成三合掌式（图 5-11、图 5-12）。

图 5-11

图 5-12

4. 抄左手横击云手

右腿向前弓步，右掌外旋击出，左手抄右手，左脚靠于右膝窝随即向左上步，上体左转，同时，两手向左横击（图 5-13—图 5-15）。

图 5-13

图 5-14

图 5-15

5. 抱球横撞

上体左转，上右步虚点，两手如抱球状于胸前，左手按于右手腕向右后转体横撞（图 5-16、图 5-17）。

图 5-16

图 5-17

6. 挽手穿靠

右脚侧进步，左脚拖步；同时右手自下穿起前靠，左手扶于右肘旁（图 5-18—图 5-20）。

图 5-18

图 5-19

图 5-20

7. 下塌掌

右脚向前进步，左脚跟步；右手翻腕下塌，左手按于右手背上（图 5-21）。

8. 里裹手

左脚后撤步，右脚跟点于左脚前；右手外旋拧裹于胸前，左手托于右肘下。随即右脚进，左脚跟，两手外旋向前挫打（图 5-22、图 5-23）。

图 5-21

图 5-22

图 5-23

9. 穿掌下势

上左脚穿左掌，右脚仆步下势，右掌随右脚前穿（图5-24、图 5-25）。

10. 上步撩阴掌

右腿弓起，左脚上步虚点于右脚前；左掌前撩，右掌按手左肘弯；目视左掌（图 5-26）。

图 5-24

图 5-25

图 5-26

11. 搂膝挫掌

上体微右转，左脚抬起向前上步，右腿蹬伸，成左弓步；同时，左手搂，右手向前挫按（图 5-27、图 5-28）。

图 5-27

图 5-28

12. 迎门腿穿掌

右脚前踢，左掌前穿，右掌收回，随即，右脚落地成马桩步，左掌收回，右掌前穿（图 5–29、图 5–30）。

13. 左右懒扎衣

先上右步，再上左步，走弧形成左弓步；同时，两手自胸向前挫按。再先上左步，再上右步，走弧形成右弓步；两手自胸向前挫按(图 5–31—图 5–37)。

图 5–29

图 5–30

图 5–31

图 5–32

图 5–33

图 5–34

图 5-35

图 5-36

图 5-37

14. 狸猫上树

右脚抬起下踩，成坐盘步；同时，右手后採于腰间，左手前挫于身前；目视左掌（图 5-38、图 5-39）。

图 5-38

图 5-39

15. 拳拦

上体左转，成马桩步；左手后捋，右手自左掌上方前穿横按（图 5-40）。

16. 拗步搬拦捶

向右转体震右脚，左脚前上，右脚跟步；同时，左手下拦，右拳松握自胸前打出，落点时握紧（图 5-41、图 5-42）。

图 5-40

图 5-41

图 5-42

17. 双抱捶

右脚后退，左脚回收虚点，随即再上左步，右脚跟步；同时，两手向下回收向下扫分再握拳自嘴前冲（图 5-43—图 5-45）。

图 5-43

图 5-44

图 5-45

18. 鹞子括翅

右脚向后微移，脚尖外撇，身体右后转，左脚随转体上步于右脚前虚点，两手随体转；右掌裹头下插于左胯前；左手向左上拧旋（图 5–46、图 5–47）。

图 5–46

图 5–47

19. 过步十字靠

左脚向前跨步，右脚前上成右弓步；上体右拧；右手穿臂前靠；左手下採于左胯前（图 5–48、图 5–49）。

图 5–48

图 5–49

20. 外旋手双把

右脚后收虚点，右手手心向外旋转收于胸前，左手合于右手成抱球状，随即右脚进、左脚跟，两手自胸向前抖按（图5–50—图 5–52）。

图 5–50

图 5–51

图 5–52

21. 穿掌

上右步成右弓步；左手下按，右手向前穿掌（图 5–53、图 5–54）。

图 5–53

图 5–54

22. 下扎掌

进右步，跟左步，右手翻腕下扎，左手护于右腕旁（图 5-55、图 5-56）。

23. 里裹手

左腿屈膝后坐，右脚虚点；两手臂拧裹于胸前（图 5-57）。

图 5-55

图 5-56

图 5-57

24. 腕打回身掌

进右步，跟左步，向前腕打。随即，向左后转体，向左上步成左弓步；同时，左掌向前劈打（图 5-58—图 5-60）。

25. 挫步裹横

左脚后收再前上，右脚碰左脚趟步，上右步成右弓步；身体左转再右转；同时，两手下劈后左下右上分展（图 5-61—图 5-63）。

图 5–58

图 5–59

图 5–60

图 5–61

图 5–62

图 5–63

26. 怀抱顽石

右脚稍后收，身体左转，两手交叉抱于胸前。随即向右转体成盘步，同时，两手分开自上向下再向上抱起于胸前，左腿前上，右腿蹬伸成左弓步，两手向前推出(图5–64—图 5–67)。

图 5–64

图 5-65

图 5-66

图 5-67

27. 龙形起纵

左脚跳起，右脚前上，成坐盘步；同时，身体上起下伏，两手抄起后向下挫按（图 5-68、图 5-69）。

28. 腾跃钻崩捶

两脚蹬地跳起落下成马步桩；同时，身体左转，右拳向前打出，左拳置于左腰间；目视右拳（图 5-70）。

图 5-68

图 5-69

图 5-70

29. 贴身连环踢打

跳步向右转体成左仆步，随即右腿蹬，成左弓步；同时，随转体左右拳下劈后前冲右拳。随即收右拳、冲左拳、踢右脚，再冲右拳、收左拳、右脚落回收成左弓步（图 5–71—图 5–74）。

图 5–71

图 5–72

图 5–73

图 5–74

30. 抄手拦腰斩

向右转体成马步，右手上抄，左手前按（图 5–75）。

图 5–75

31. 旋风掌

向右后转体，左腿坐实，右腿虚点，两手收于腹前。向前跳步旋转一周，进右步，成马步。两手随转身进步前按紧接左腿掏步，右拳下打，向左后转体右腿扫荡半周，两手交叉于胸前（图 5–76—图 5–87）。

图 5–76

图 5–77

图 5–78

图 5-79

图 5-80

图 5-81

图 5-82

图 5-83

图 5-84

图 5-85

图 5-86

图 5-87

32. 云掌下势

右腿蹬地，左腿屈膝，成独立势；同时，右手自上向下划圆再向上穿起，左手向左、向上、向下划圆。随即右腿屈膝下蹲，左腿仆步；左手随左腿前穿（图 5–88、图 5–89）。

图 5–88

图 5–89

33. 跃步栽捶

左腿弓起，右腿上前一步蹬地打二起脚；同时两掌抡起击掌拍脚。右腿落地站稳，左腿屈膝，身体前俯，右拳击地，左掌高举（图 5–90—图 5–97）。

图 5–90

图 5–91

图 5–92

图 5–93

图 5–94

图 5–95

图 5–96

图 5–97

34. 翻身三劈掌

左脚落地，右腿插步，身体向左右后翻转，同时两掌交替劈出三掌（图 5-98—图 5-100）。

图 5-98

图 5-99

图 5-100

35. 反腕切掌，穿掌提右膝，挫拉掌

右腿立稳，提左膝，成右独立式，右手翻腕上拉，左掌下切，上翻右掌，提右膝，成左独立步，接退右步，左脚稍退即进，两手向下挫拉向前打定心掌（图 5-101—图 5-105）。

图 5-101

图 5-102

图 5-103

图 5–104

图 5–105

36. 翻身撇身捶

右脚震地，左脚抬起，身体向后翻转，同时，右拳撇出于腰间向前击出，左手下拦于右肘下（图 5–106、图 5–107）。

图 5–106

图 5–107

37. 拳拦

两手划圆，左手回捋，右手前按（图 5–108、图 5–109）。

图 5-108

图 5-109

38. 左右鹞子抓肩

左手上抬护面，右手下插护身。右手上抄，左脚收回虚点随即进步前上，右脚跟步，两手前按。左手上抄，右脚进步，左脚跟步，两掌前按（图 5-110—图 5-116）。

图 5-110

图 5-111

图 5-112

图 5-113

图 5-114

图 5-115

图 5-116

39. 击掌抃嗦

撤左步，右脚跟回，成并步。两手下采，随即上右步成右弓步；同时，右拳击左掌（图 5-117—图 5-119）。

图 5-117

图 5-118

图 5-119

40. 旋臂拧身朝阳捶

前插左步自左后再向前转体，成左弓步；同时，右拳下击，左手上护，随转体右拳向前轻击，左手迎合（图 5-120、图 5-121）。

图 5-120

图 5-121

41. 单元炮

身体向左转，两腿屈膝坐盘，两臂拧裹握拳内吸蓄劲。随即，右腿向前上步，左腿跟进；两拳向前上崩击，身体下沉（图 5-122、图 5-123）。

图 5-122

图 5-123

42. 下塌掌，裹手、穿掌

右脚进步，左脚跟步虚点；右手翻腕塌掌，左掌按于右腕上。左脚稍退落实，右脚后撤即进，左脚跟进；两手先向后裹蓄再前按。右脚继续向前上步，左脚跟上并步，右手穿起，左手下护（图 5-124—图 5-128）。

图 5-124

图 5-125

图 5-126

图 5-127

图 5-128

43. 燕子抄手（上步左右穿掌，回身下势插花掌）

仆左步，穿左掌，上右步穿右掌，再上左步穿左掌，回身仆右步，右手插花下穿（图 5–129—图 5–134）。

图 5–129

图 5–130

图 5–131

图 5–132

图 5–133

图 5–134

44. 抄掌琵琶势

右腿前弓，左脚上步虚点；左手上抄与胸平活腕内旋，右手外旋护于左肘（图 5–135）。

图 5–135

45. 退步击掌倒撵猴

左脚后退，左掌翻腕，右掌前劈。右脚后退，右掌翻腕，左掌前劈。再左脚后退，左掌翻腕，右掌前劈（图 5–136—图 5–143）。

图 5–136

图 5–137

图 5–138

图 5–139

图 5–140

图 5–141

图 5–142

图 5–143

46. 进步三磨掌回身斜飞势

进右脚拖左脚穿左掌，进左脚拖右脚穿右掌，再进右脚拖左脚穿左掌，右脚扣拧向后转体，两手下劈，蹬左腿，进右步，左手下探，右臂向前穿掤（图 5–144—图 5–149）。

图 5-144

图 5-145

图 5-146

图 5-147

图 5-148

图 5-149

47. 飞身旋手栽捶

右腿提起，松腰沉胯向下踩踏，右手旋臂下击，左手护于胸前（图 5-150、图 5-151）。

图 5–150

图 5–151

48. 鹰捉水里按瓢

左脚蹬地跳起，右腿屈膝上抬，落地站稳，左脚前上步，成左弓步；同时，两手上抄下按于腹前（图 5–152—图 5–154）。

图 5–152

图 5–153

图 5–154

49. 大鹏展翅

右脚向左脚后上步，左腿屈膝提起，成右独立步；同时，右手上抄于头后上方，左手下插于左膝外（图 5–155、图 5–156）。

图 5–155

图 5–156

50. 伏虎巧捉龙

左脚向左后下落，身体左转，成右仆步；两手下捋经腹前向上于头左上方。左手握右腕，右手在左手下方；左腿蹬，右腿弓两掌前挤。紧接左脚向前上步，右脚虚于左脚前，右脚落实左脚再向前上步，虚点于右脚前；同时，两手握拳于胸前（图5–157—图 5–163）。

图 5–157

图 5–158

图 5–159

图 5–160

图 5 161

图 5–162

图 5–163

51. 提膝蹬脚

左腿提膝，脚尖上勾，向前蹬击；两掌外分抖弹。随即左脚下落于右脚旁（图 164）

图 5–164

52. 转身蹬脚

身体微向右转，左脚站稳，右脚屈膝提起前蹬；两手前后分展抖弹（图 5-165、图 5-166）。

图 5-165

图 5-166

53. 震脚劈掌

右脚落下震脚，左脚前迈；同时，右拳击出反掌后拉，左掌自右掌上向前挫劈（图 5-167、图 5-168）。

图 5-167

图 5-168

54. 上步崩拳

右脚上步震脚与左脚齐；右拳同时向前崩打，左手回护于腹前（图 5–169）。

图 5–169

55. 如封似闭

退右步，虚点左脚；左手前掤后两手左右划弧合于胸前。随即左脚上步，右脚跟步虚点；两手向前推按，状如抱球（图5–170—图 5–172）。

图 5–170

图 5–171

图 5–172

下半路

56. 回身肘盖掌

身体右转，右脚侧进一步，左脚拖步，成马步；同时，左手按右拳顶肘。紧接着右脚向前摆顺，上体右拧，成右弓步；

同时，右手反掌盖出，左手护于右肘下（图 5-173、图 5-174）。

图 5-173

图 5-174

57. 活腕擒臂击掌

左脚上步虚点，左手上捧，右手活腕，左脚再上步成弓步，同时，右手背击左手掌（图 5-175、图 5-176）。

图 5-175

图 5-176

58. 闪通背

松腰沉胯，体微右转，成马步式，右手向上撑托，左手前按击打（图 5–177）。

59. 懒扎衣

右脚上步虚点，左脚蹬伸，两掌右手上，左手下，向上挫打（图 5–178、图 5–179）。

图 5–177

图 5–178

图 5–179

60. 云掌抹脖抄肘塌掌

右脚上步，左脚跟步成并步；右手上穿掌。紧接着左腿仆步下势，左手随腿穿掌，左腿前弓成左弓步，同时右手下插掌，左手抬起护于右肘处。随即左脚收回虚点，右手翻掌，左手上抄，随即左脚向左前进步，身体松沉左转，两手向左下塌掌（图 5–180—图 5–188）。

图 5-180

图 5-181

图 5-182

图 5-183

图 5-184

图 5-185

图 5–186

图 5–187

图 5–188

61. 拳拦扑脚

两手划弧自胸前左右分扯，右脚贴地扫荡（图 5–189—图5–191）。

图 5–189

图 5–190

图 5–191

62. 后扫挫掌

立稳右脚，左脚向后半扫，身体后转 180°；同时，两手随转体后抡摆，右上左下于胸前。随即身体右转成右弓步，右手翻腕，左手挫掌（图 5-192—图 5-195）。

图 5-192

图 5-193

图 5-194

图 5-195

63. 抓肩拐线顶肘

身体左转，成马步式；右手击肩，左肘绕环下压后向左侧顶肘（图 5-196—图 5-199）。

图 5-196

图 5-197

图 5-198

图 5-199

64. 挑打

松腰坐胯，气沉丹田，右手上掤，左拳前击（图 5-200）。

65. 旋手击腹

左脚向前外摆步，右脚再向前上步，身体左转 180°，成马步势；随转体，左手上掤，右手背甩腕前击（图 5-201—图 5-203）。

图 5-200

图 5-201

图 5-202

图 5-203

66. 拳拦摘星掌（接左跻步打掌）

左手捋，右手前按。右手上穿于头右上方，左手下插护腹；左膝上提成独立势。紧接着左脚进步，右脚跟，两掌收拢前按（图 5-204—图 5-208）。

图 5-204

图 5-205

图 5-206

图 5-207

图 5-208

67. 倒撵猴（打右、左、右三个）

右脚向右后方退步，左脚跟步虚点，身体向右拧转，右脚进步右手旋腕向下栽拳，左手护于胸前。右脚收回虚点，同时，右手翻腕外旋手，抽胯、揉胸，两手抱于胸前。右脚进，左脚跟步点沉，两手向前抖按（左倒撵猴说明同右倒撵猴方向相反）（图 5-209—图 5-228）。

图 5-209

图 5-210

图 5-211

图 5-212

图 5-213

图 5-214

图 5-215

图 5-216

图 5-217

图 5-218

图 5-219

图 5-220

图 5-221

图 5-222

图 5-223

图 5-224

图 5-225

图 5-226

图 5-227

图 5-228

68. 蝴蝶穿花（打四角）

左脚坐实，右脚虚点。随即右脚上步穿右掌，接左脚上步穿左掌，右掌再于左掌下穿掌。左腿立稳，右脚起腿向前上扫荡。右脚后落，转身下势成右仆步；同时，两手先右后左穿掌，转身后右手插花。接右弓步起身后，穿左掌，踢左腿（方向打四角，以下动作说明同前）（图 5-229—图 5-250）。

图 5-229

图 5-230

图 5-231

图 5-232

图 5-233

图 5-234

图 5-235

图 5-236

图 5-237

图 5-238

图 5-239

图 5-240

图 5-241

图 5-242

图 5-243

图 5-244

图 5-245

图 5-246

图 5-247

图 5-248

图 5-249

图 5-250

69. 锁手，提腕单把白猿击鼓

接上势，踢完左腿后，回身成左仆步插花下势，随即左腿坐实，右脚收回虚点，两手护于胸前，右脚进，左脚跟，两掌提腕，掌根相碰，向前交替击打（图 5-251—图 5-254）。

图 5-251

图 5-252

图 5-253

图 5-254

70. 抄肘转身琵琶势

左脚尖稍后移，右脚扣步，身体后转 180°；同时，左手抄右肘。转身后，右实左虚步，两手左上右下护于胸前（图 5-255、图 5-256）。

图 5-255

图 5-256

71. 左右轰掌，提膝撞掌

提左膝，两手交叉向上分开合于胸前，左脚落成左弓步，同时，两手与胸前向前推按。再提右膝，两掌上分合于胸前，落右脚成右弓步，同时，两掌向前推按（图 5–257—图 5–261）。

图 5–257

图 5–258

图 5–259

图 5–260

图 5–261

72. 白蛇吐芯（抄掌，顶心肘，拗步，提肘云手）

右腿提起后收，再向前，形成右弓步；左掌压，右掌前穿。身体微向左转，紧接着右脚上步左脚拖步，成马桩步；同时，右肘随转身下压前顶。再上左步虚点，身体向右微转，右肘上提，随即左步前迈成左弓步，左手向左上掤，右掌划弧按于右腹前（图 5–262—图 5–267）。

图 5–262

图 5–263

图 5–264

图 5–265

图 5–266

图 5–267

73. 左、右高探马

左脚扣拧，右脚稍后移虚点，左脚坐实，右脚虚点，身体后转 180°；同时，右掌外旋折叠，左掌前上挫按。再上左步虚点，左外旋折叠，右掌前上挫按（图 5–268—图 5–271）。

图 5–268

图 5–269

图 5–270

图 5–271

74. 抄左手蹬右腿

身体微左转，上右步震脚蹬右腿，右手抄左手，两手向外抖分（图 5–272、图 5–273）。

图 5-272

图 5-273

75. 转身蹬左腿

落右脚提左脚，身体自左后转 180°，随即，两臂展分，左脚前蹬（图 5-274、图 5-275）。

图 5-274

图 5-275

76. 里合蹬，右腿蹬脚

左脚落，身体向左转，随转体，右腿里合，落下后紧接向前蹬腿（图 5-276—图 5-279）。

图 5-276

图 5-277

图 5-278

图 5-279

77. 五花拗步撩阴捶（接反冲拳）

左腿蹬地跳起，右脚落，左脚前上一步，身体右转成左弓步；同时，右拳右下砸，左拳左外搂，身体左转抖膀，右拳背外撩翻手下砸（图 5-280—图 5-282）。

78. 搬拦腿

左腿立稳，提右膝绷紧脚面弹踢；同时，翻右腕，左手自右拳下向前切掌（图 5-283）。

图 5-280

图 5-281

图 5-282

图 5-283

79. 车轮炮

右脚落地，身体微左旋，腰胯松沉；同时，右拳下栽捶。

紧接着右拳上挑，再挑左拳，再接挑右拳，状如车轮，循环三拳（图 5-284—图 5-286）。

图 5-284

图 5-285

图 5-286

80. 旋右手上左步挤掌

右脚后撤虚点，右手掌外旋，左手护胸。随即右脚尖外撇落实，左脚上前一步，成左弓步；同时，右手按左掌根向前挤打（图 5-287、图 5-288）。

81. 腰里斩

右脚向前一步，身体微左转，成马桩步；左手上掤，右手向前插斩（图 5-289）。

图 5-287

图 5-288

图 5-289

82. 挫把螳螂捕食

右脚后撤虚点，两手扣抓下采。随即身体后转右脚上步扑跳，左脚随于右脚后，身体右拧，成盘步；同时，右肘拳随转体后击，接两手向前捕按（图 5-290—图 5-292）。

图 5-290

图 5-291

图 5-292

83. 鹞子入林

左脚上步，右脚提起弹踢，两手向上轰掌左右分开在胸前合抱，右脚落地成右弓步，两掌向前推打（图 5-293—图 5-295）。

图 5-293

图 5-294

图 5-295

84. 摇枝寻梅

上左脚虚点，身体向右转；右手在脸前吊腕，左手向上捧合。左脚上步，身体向左转；同时，两手向右捌，左手在上于头左上方，右手高与腹齐（图 5-296、图 5-297）。

图 5-296

图 5-297

85. 拳拦钻靠

上右步，左手后捋，右手前按，右腿继续进前，胯打之意，左腿拖步，成马桩步；同时，右手上钻肘靠肩打，左手贴右肘助力（图 5-298—图 5-300）。

图 5-298

图 5-299

图 5-300

86. 挑领挫把（回身接三合掌）

身体向后转，左脚外摆，两腿屈膝成坐盘步；两掌随转体劈打，交叉合于胸前。随即左脚蹬地，右脚提起前跨，成右弓步；同时，右掌上挑，左手下按（图 5-301—图 5-303）。

图 5-301

图 5-302

图 5-303

87. 虎扑双撞掌，穿掌

两手交叉向上再向左右分展，合于胸前，左腿提起靠齐右腿，紧接着右腿蹬跳，左右脚先后落地成右弓步，同时，双掌胸前撞出，再接右掌前穿（图 5-304—图 5-308）。

图 5-304

图 5-305

图 5–306

图 5–307

图 5–308

88. 活腕扭身揉球，拨手撞掌

右脚扣拧，身体自左后转，两手活腕揉球于胸前，左膝抬起进步，右步跟点，两手膝前分拨前按。接做两次分拨前按，动作相同，左右相反。（图 5–309—图 5–316）。

图 5–309

图 5–310

图 5–311

图 5–312

图 5–313

图 5–314

图 5–315

图 5–316

89. 三合掌野马分鬃

两手左上右下合于身前，右脚向右前上步，成右弓步，同时两手右掤左採前后分展（图 5–317、图 5–318）。

90. 提肘挫掌

右腿提起，上体向右转拧，右肘旋臂上提，随即右腿落成马桩步，身体再向左拧转，腰胯松沉，臂掌前挫（图 5-319、图 5-320）。

图 5-317

图 5-318

图 5-319

图 5-320

91. 鹰捉冲拳

马桩步不动，向右拧腰挫左掌，右掌收回，再向左转腰，收左掌，冲右拳（图 5-321、图 5-322）。

图 5-321

图 5-322

92. 鸡形跳脚（左、右、左、右、左）

右脚扣拧，身体左转，左脚虚点于右脚前，两手自口处外翻下落，左手在上，右手在下，两手心向外。左脚落实，右脚尖向左摆扣，两手自口处内翻下落，右手在上，左手在下，手心均向内。左脚抬起再虚点于右脚前，两手自口处外翻下落，左手在上，右手在下，两手心向外。左脚再内扣，右手提起护于胸前，左手自口处内翻下落，两掌心均向内。右脚虚点于左脚前，两手自口处外翻下落，右手在下，左手在上，两手心向外。右脚落实，左脚前上虚点，同时两掌右下左上掤于胸前（图 5-323—图 5-329）。

图 5-323

图 5-324

图 5-325

图 5-326

图 5-327

图 5-328

图 5-329

93. 白鹤亮翅

右腿蹬伸腰长起，右手上掤，左手下按（图 5-330）。

94. 白虎洗脸，三腕打

左脚向前上步，右步跟挤震脚；同时，两手右先左后如捋须状下捋后，随震脚右手腕前击，接左手腕击，再接右手腕击（图 5-331）。

图 5-330

图 5-331

95. 劈掌海底针

右脚后撤，左脚虚点；同时，右手自上向右下再向上划圆下劈，左手自下向上划圆左下捋（图 5-332、图 5-333）。

图 5-332

图 5-333

96. 绞手跺子腿横拳

右腿提膝，两手胸前绞翻，左腿蹬，右腿落，成右弓步，两手左掌右拳向前击发（图 5–334—图 5–336）

图 5–334

图 5–335

图 5–336

97. 抄手单把

身体自左后转，左脚外摆，右脚上步，左脚再上步，右脚跟挤；同时右掌抄起，含胸蓄劲，两掌向前抖击。（图 5–337—图 5–340）。

图 5–337

图 5-338

图 5-339

图 5-340

98. 震脚，玉女捧盒，顶心掌

右脚撤步震脚，左脚收回虚点；两手右上左下，状如捧盒。随即左脚上步，右脚跟步；左手上掤，右手前击心口（图5-341、图 5-342）。

图 5-341

图 5-342

99. 转身十字腿过步指裆捶

左脚稍后移，右、左掌白蛇吐芯前插。左脚扣拧，身体向右后转，右脚接打摆莲。右脚落地，左脚进步成左弓步；同时，左手下搂上提，右手向前击裆（图 5-343—图 5-350）。

图 5-343

图 5-344

图 5-345

图 5-346

图 5-347

图 5-348

图 5-349

图 5-350

100. 穿掌回身下势上步七星捶

右掌前穿，转身左腿仆步下势，左腿前弓，成左弓步，同时左手前穿于胸前。紧接着右脚前蹬，右拳向前上撩打（图5-351—图 5-355）。

图 5-351

图 5-352

图 5-353

图 5-354

图 5-355

101. 退步跨虎

右脚后撤一步，左脚退回右脚前虚点；同时，右手上抄于头右上方，左手下按于左膝外（图 5-356、图 5-357）。

图 5-356

图 5-357

102. 拳拦、摆莲腿

身体自右向后旋转一周，以右脚掌为轴碾地，左脚擦地扫荡；两臂自胸前左捋右按后随体转轮摆一周。紧接着起右脚打摆莲腿（图 5–358—图 5–363）。

图 5–358

图 5–359

图 5–360

图 5–361

图 5–362

图 5–363

103. 海底捞月（接外旋手）

右腿向右后仆步下势后前弓，左腿蹬伸，成右弓步；两手自左上向下划弧，合于胸前。紧接着左脚向前虚点，抽左腰胯，左手向外旋转（图 5-364—图 5-366）。

图 5-364

图 5-365

图 5-366

104. 鹞子穿林

右手前穿上掤，左手下按，行八卦步走八字。左腿蹬伸，右腿前弓，右手前穿，左手后插。再后转身成左腿弓，右腿蹬，左手前穿，右手后插。再转身如前（图 5-367—图 5-373）。

图 5-367

图 5-368

图 5-369

图 5-370

图 5-371

图 5-372

图 5-373

105. 仙人卧床

右脚收回虚点；两掌在胸前合击。右脚进，左脚跟；两掌合拢前插。接着左脚退步，右脚撤回虚点，右手心、手背交替三击掌，右后上左前下分展，右脚前踢（图 5–374—图 5–376）。

图 5–374

图 5–375

图 5–376

106. 四方十字把

右掌下劈，右脚前上，右手同时钻拳，接上左步劈左掌。左脚抬起略收即进，同时钻左拳，上右步劈右掌。右脚扣拧，身体后转，左脚上步，左手前劈，左脚抬起略收即进，同时左拳钻出，上右步劈右掌。身体左转，左脚进步，同时钻左拳。接上右步劈右掌。身体后转，右脚扣拧，左脚进步，同时钻左拳，接上右步劈右掌（图 5–377—图 5–393）。

图 5–377

图 5–378

图 5–379

图 5–380

图 5–381

图 5–382

图 5–383

图 5–384

图 5–385

图 5–386

图 5–387

图 5–388

图 5–389

图 5–390

图 5–391

图 5–392

图 5–393

107. 环形裹横

上体左转，左脚虚点于右脚旁。右腿蹬，左腿向左前弓步；同时，左手向左上掤，右手下探。左脚不动，上右脚右膝贴于左膝弯；两掌先左后右下劈，左上右下交叉合于胸前，身体下蹲。右脚前上成右弓步，身体前冲两臂右前左后分展。再转身上左步依次类打，打成一环形，至右脚在前裹横势。然后以右脚为轴旋转一周，成右弓步；两掌前插，高与胸齐（图5-394—图 5-409）。

图 5-394

图 5-395

图 5-396

图 5-397

图 5-398

图 5-399

图 5–400

图 5–401

图 5–402

图 5–403

图 5–404

图 5–405

图 5–406

图 5–407

图 5–408

图 5–409

108. 合太极

左脚上步与右脚站齐，两手左右划弧上举，徐徐下按，归于无极。身体立稳，神元归一（图 5-410—图 5-415）

图 5-410

图 5-411

图 5-412

图 5-413

图 5-414

图 5-415

第六章 武式太极拳推手

一、八法五行实用解（亦称定步推手八势解）

武式太极拳经过历代先师的总结完善，形成了系统的理论和完善的训练体系，跌打、推拿、分筋、挫骨、点穴闭户，应有尽有。其中八法的练习，是武式太极拳的重点。要想学好武派拳艺，必须明八法知五行，也就是明白太极拳之应用，明白走架就是打手，打手就是走架的原理。根据“粘连黏随，不丢不顶，无过不及，随屈就伸”的原则，进行八法练习，前进后退，左顾右盼，立身中正；彼此找劲，探知对方的劲力大小、虚实刚柔、轻沉快慢，以求我顺人背。练习时必须周身协调、上下相随，遵此日久自能懂劲。当能做到得机得势，舍己从人且知己知彼时，“引进落空，借力打人”的技艺也就随之而得了。

掤势，在外形为势，在内为劲，也就是掤劲，为八法之首势。两人粘着，首要立定脚跟，敛臀圆脊，内固精神。虽为守势，暗寓攻势；虽为两臂运动，但主宰于腰。贯以意气运动，以腰胯为主轴，内蕴弹性。所谓心有所感，意必至动，动则生阳，静则生阴，虚实刚柔，前进后退，两手循环掤撑，力求轻灵圆活，杠杆旋转，随人所动，黏着不离，左右折叠，内外相合，使其无隙可乘。具体操作有合步练法和顺步练法。两人均伸一臂相粘，另一手扶按彼肘部，松腰坐胯，以意贯劲。发劲时尾闾前送，夹脊后鼓，前臂斜竖，前撑掤劲向前打击。使用掤劲，要松静沉着，以静带动，蓄劲张弓，伺机待放（图 6–1）。

图 6–1

师云：掤在两臂前股撑，一气贯穿肩臂松。
以意导动身催手，劲沉力整富弹性。

捋势，也就是捋劲，是掤劲的反面。与人相交，首先控制对方三节，一手粘其腕，一手粘其臂肩，这叫做塌梢节、捋根节。捋劲要轻，轻则灵，灵则动，动则变。捋法的关键全在腰腿与意气，捋时身、腰、腿一气贯穿，以达周身一家，或捋或发，自然劲整。

具体操作：彼掤劲已至，我一手搭其腕，另一手顺势插于彼腋下，向里旋腕，由肩部裹捋，将对方掤势化解，转背为顺。捋势要粘连不断，轻松自然，步捷身灵（图 6–2）。

图 6–2

师云：捋在掌腕走滚旋，粘连黏随臂肱行。

上提下沉乘势进，借力展发钻劲能。

挤势，也就是挤劲。掤捋为四正之主劲，挤按为掤捋之辅助劲，是用肱部进击。运用挤，手臂要竖横，才灵活无滞，使对方不易滑脱。挤劲并非全用臂力，而着重于腰腿，足随手运，虚灵内含。姿势要求轻灵圆活，顶悬身正，沉肩含胸，尾闾收住，以免失掉重心，反为人制。

具体操作：扭转背势，稳定重心，我抽胯正身，一手前臂竖撑起，另一手在内助力。臂向前挤，身要欺人，步要过人，神要慑人，随人所动，乘势而入，如箭脱弦，猝然发击（图 6–3）。

图 6–3

师云：挤在掌背上击胸，两肘下沉劲力整。

粘之疾发锐难挡，矫捷善变虚实明。

按势，也就是按劲。用双手按对方之臂，转换虚实于双按之中。按中需有开合之意，要手足相应，前进后退有升降之势。按以顺步为得势，以起步为虚，落步为实，虚则为引，实则为发，虚实轻沉，互相兼备。按在腰攻，按时需用弹力，勿使拙力，以防为人所乘。

具体操作：彼被挤，急向右抽胯，欲化挤势，我乘势用双掌按彼两臂，一手按右肩部，一手按臂肱，形成十字交叉状。先下沉，后前按，涌身而进，由腿而腰而膊，节节贯穿，以意领先，以气运身，以身催手，以意发人，吞吐浮沉，绵软巧脆(图 6–4)。

图 6–4

师云：按在腰攻源动脊，劲贯四梢刚柔济。
力由脊发气运身，心动意生神形随。

采势，乃四隅之首势。采是用手执人手腕，或执其肘部向下沉采。采劲与挤劲恰恰相反，挤是双合，采是双分。采劲为擒拿的基础，擒拿是从采中发展起来的。所以采在十指与彼相触，要同起钻落翻卡住对方腕部乘机下采，速度要快，落点要准，对方不易躲防。要顺彼之劲，加于彼身。

具体操作：两人相对而立，双方两手交叉黏着，按挪、捋、挤、按循环推练三圈，我右脚向右移半步，左脚随撤一步，抽左腰胯屈坐，左手拿彼腕部，左手旋臂腕捋採下蹲。採时要己身中正，沉腰坐腿，含胸拔背，松肩沉肘，气沉丹田。采劲起落敏捷，迅猛多变（图 6–5）。

图 6–5

师云：採在十指擒拿功，遇拿需要劲放松。

关节被反顺势变，逆行填力化不通。

挒势，也就是挒劲。挒劲在太极拳是外旋手，是逆旋之法，是四隅重要手法之一。对方不管用什么方法，只要在面门或胸前左右两侧，都可运用挒法。挒法着重于轻沉兼备，虚实变换要灵，以掌心为轴旋转于对方臂肩之上，因势利导，迫使对方失重。

具体操作：对方被採，急于化解，欲进靠势，我含胸走化，旋臂挒彼臂膀腋下根节，另一手按其胯部，使其成麻花状。挒法要彪悍，运于肱臂，旋掌挒进，劲力完整，灵活致巧（图 6–6）。

图 6–6

师云：挒在两肱抄腕旋，如意向上即下寓。
掀挫发力势精绝，刚健有力招致用。

肘势，也就是肘劲，在八法中被认为是毒手。术语云：“远了发手，近了靠肘。”用肘要冲，动作要快。使肘较手为短，发之得势；较手为猛，动作神速不易避之。肘法有提肘、挂肘、捋肘、滚肘、顶心肘、击肋肘等。大捋中彼若捋我，即可用肘还击。又如推手分开对方双手时，用肘击其胸口或其他部位。

具体操作：彼方被挒不得势，乘我未发放之际，急于松肩，右臂向上拧旋，抽右腰胯，回劲堵我中节。我顺势叠臂握腕下塌，以肘进击彼之胸部。用肘要掌握不近不贴，一贴即冲，使彼莫测，乘虚以击其空。肘劲迅猛，气势逼人（图 6–7）。

图 6–7

师云：肘在屈使招法凶，顶心致命七坎中。
爆发力强势难封，刚柔并举气势雄。

靠势，也是靠劲。靠劲是近身击人用肩靠对方胸部的一种劲法。

具体操作：我用肘进击对方胸部，彼急含胸以左臂滚旋而化解。我顺势进腿踏入中门，同时叠臂上穿，靠击彼肩胸，另一手按击腹部。靠劲发时要猛，犹如迅雷疾电，使彼不及换势。要肩靠，腰抖，胯打，足趟，上下齐攻，势猛劲速，方能应手奏效（图 6–8）。

图 6–8

师云：靠在肩胸去势猛，胯膝靠打皆致用。
进退反侧应机变，何怕敌方艺业精。

八法乃上肢之动作，习练纯熟，八种劲别，彼来我往，无限循环，互相克制，生生不息。拳势当中各种劲别，应招运势，都可在推手八法练习中体现出来。先哲王宗岳曰：“由招熟而渐悟懂劲，由懂劲而阶及神明。”说明欲求懂劲，务要招熟，故熟知成法，才能渐入妙境。

“五行”是指打手中的下肢动作，即前进、后退、左顾、右盼、中定，只有步法活，才能身灵，身灵才能更好地运用上肢使用八法。所以武式太极拳“立身中正，八面支撑”，落地走根，对步法要求极为严格。在推手中，第一、二步前进时都要踏在对方前足外侧，为之管扣。向前迈第三步时，腿要进在对方两腿中间，为之插逼。管为发劲，扣为合劲，插为钻劲。步法循规蹈矩，在一条直线上相互进退，左顾、右盼，纯熟后颠腿换步，任意进退，上边运用掤、捋、挤、按、採、挒、肘、靠，处处由意而发，神凝气固，劲由内发，发手才能迅疾，令人不易走化。

所以“八法、五行”是通过推手、听劲掌握技击技巧，直接用于技击实践的重要途径。

陈固安师传八法歌：

八法实用多精绝，黏着相触神鬼惊。
出手明快而致巧，心意神清气贯通。
动静无始又无终，吞吐浮沉寓化劲。
轻而不浮沉不僵，刚柔相济妙无穷。

二、四正活步推手图解

武式太极拳活步推手（旧时称打手），是鼻祖武禹襄传留下来的，利用下肢活步来完成上肢掤、捋、挤、按四正手的方法，採、挒、肘、靠四隅法暗寓其中。初习，前进按挤，后退掤捋，按照一定规律练习，纯熟后，乱踩花，手足随意，上下相随，处处恰合。按八法用法，互相克制，引劲打劲，把盘架中的招式用意，通过二人推手一一验证。它是伤害性很小的对抗练习，是验证太极拳功夫，掌握各种劲别和太极散手技击术的有效方法。

武式太极推手为顺步练习法，活步推手的上肢动作与定步推手相同，只是下肢需步法移动。

甲（着黑衣者）乙（着白衣者）面对而立，乙出左脚至甲右脚外侧，甲方右脚踏入乙方中门（图 6-9）；乙右脚踏步向前迈，甲右脚踏步后退。乙趁甲退右步，随即向甲左侧扣迈右步（图 6–10）。甲欲退步，乙趁势而入，左脚踏进甲之中门（图 6–11），甲抽化右腰胯向下、向前按乙（图 6–12），形成甲进乙退（图 6–13—图 6–15）。

图 6–9

图 6–10

图 6–11

图 6–12

图 6–13

图 6–14

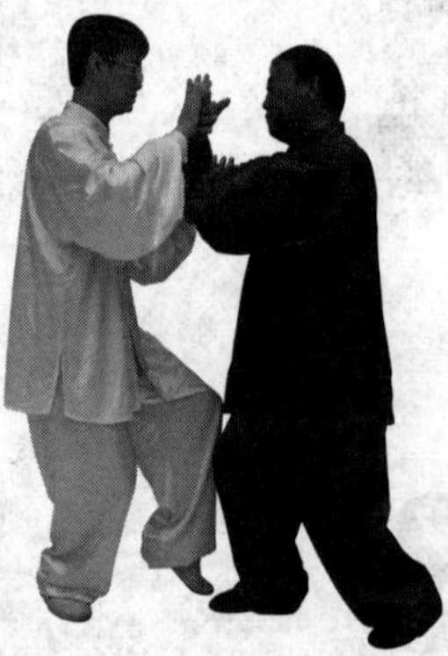

图 6–15

甲乙两手相搭，粘连不断，循环进行，向前为按挤，后退为掤捋。

要点：进退往复各行三步，以贯、扣、插为进攻方法，第一步和第二步迈出都要停在对方同侧脚的外侧。第一步为贯，是发劲，第二步为扣，是合劲，第三步插入对方两腿之间（俗称中门）为钻劲。王宗岳先生拳论曰：“进之则愈长，退之则愈促。”上肢轻松柔和，首重往复折叠，用意不用力；下肢进退有变，随人所动，乘势而入，虚实分明，连贯协调。

三、四斜大捋推手图解

太极拳中八门五步，五步即进、退、顾、盼、中定；八门即四正四隅。四正乃东、南、西、北四方之称，即掤、捋、挤、按之谓；四隅亦称四角，即採、挒、肘、靠之谓。四隅即是补四正手之不足。太极是由方而到圆，圆之出入，方之进退；圆是柔，方是刚，随刚就圆；方为开展，圆为紧凑。若能在四正手中明方圆，辨阴阳，理虚实，精表里，斯技已至大成。待定步、活步推手练至纯熟之时，方可进一步练大捋之推法，能明大捋之精意，则方极而圆，圆极而方，一切循环阴阳变化之理，皆可明了而洞晓。由于大捋动作较为复杂，尚需经明师指导，勤学苦练，求真务实，直至推手法、步法、身法上下周身协调一致后，深感乐极。大捋中变化无穷，除採、挒、肘、靠外，仍含有掤、捋、挤、按四正法，大捋中有靠、按、闪、捋，尚有掤、挤、採、肘、挒、撅等法。

四斜大捋（即四隅推手）具体练习方法。

1. 甲乙面对而立，按四正活步推手法双方两右手腕交叉黏着，左手互扶对方右肘，按着掤、捋、挤、按四招式，相互循环推绕三圈（图 6–16）。之后，甲右脚向右后移半步，左脚随着后撤一步，松腰落胯屈坐，成左侧弓步；同时，左掌起钻落翻，拿乙左臂腕部，右掌顺势旋右臂腕捋採乙之臂肘。乙被採，进挤步靠甲，成甲採乙靠之势（图 6–17）。

图 6–16

图 6–17

2. 甲接着起左手闪击乙之头部，乙急起右手迎之（图 6–18）。甲右手向上起钻，掤起乙右臂腕向右旋转两周（图 6–19）；同时，右脚后撤，松腰落胯屈坐下势，成右侧弓步；右手拿乙右腕部下採，左手顺势旋左臂肘，捋採乙之右臂肘，乙被採急向斜前方进左脚，再进右脚靠甲（图 6–20）。

图 6–18

图 6-19

图 6-20

3. 甲起右手闪击乙之面门，乙急起左手迎之。甲左手起钻，掤起乙左手臂腕，向左旋绕两周；同时，左脚抬起，绕过乙方右腿，向前上步，右脚紧跟一步，随即向右再撤，左脚松腰落胯屈坐下势成左侧弓步（图 6-21）；左手採乙左手腕，右

图 6-21

手顺势旋右臂肘，捋乙之左臂肘。乙粘随甲之势，急颠腿换步，步踩三角，右脚斜跨一步，左脚再插甲方中门，成甲採乙靠之势（图 6–22）。

图 6–22

4. 甲再起左手闪击乙之面部，乙急起右手迎之（图 6–23）。甲右手向上起钻，掤起乙右臂腕，向右旋转两周（图 6–24）；同时，右脚后撤，松腰落胯屈坐下势；右手拿乙右腕部下採，左手顺势捋乙之右臂肘。乙被揉捋，急颠腿换步，向斜前方进左步，再进右步，插入甲之中门靠甲（图 6–25）。

图 6–23

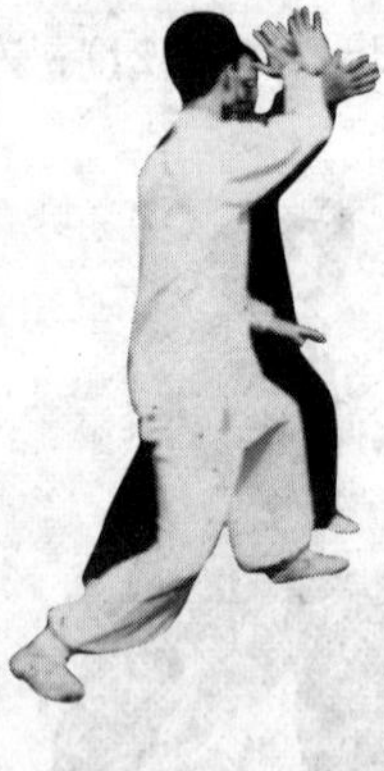

图 6–24

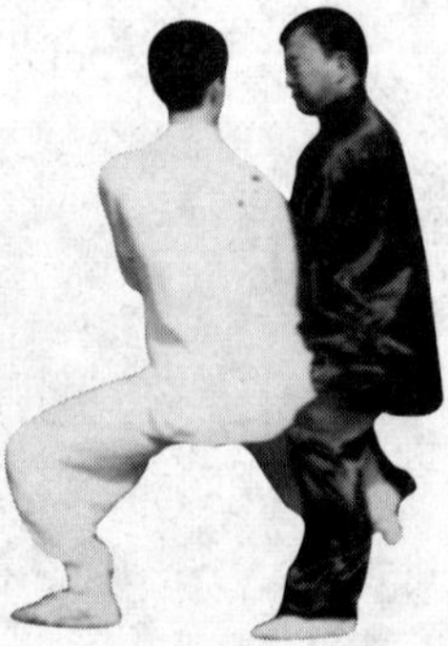

图 6–25

5. 紧接着，乙方开始採甲方，先向左后方，后向右后方，每个隅角（斜角）方位各採两次。再由四正手转入甲採乙靠之势，左后方、右后方各採两次。周而复始进行练习(图 6–26—图 6–34)。甲乙互成掤势时，可收势还原。

图 6–26

图 6–27

图 6–28

图 6–29

图 6–30

图 6-31

图 6-32

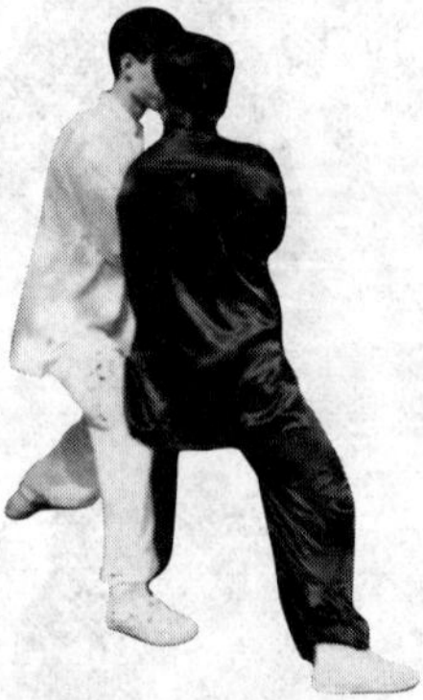

图 6-33

图 6-34

第七章　武式太极连环十三刀

一、武式太极连环十三刀概述

武式太极连环十三刀，是当代武式太极名家吴文翰先生将武式太极传统十三刀及四刀法，在太极拳理指导下结合刀术之实践用法综合而成。演练时既有连绵缠绕、舒展洒脱、劲意不断之太极风韵，又有刀势凌厉、霍霍如风之霸气，运用时因敌变化、不拘成法，以静伺动，轻灵敏捷。连环十三刀既可练功又可表演，因此深受太极拳爱好者之欢迎。

笔者自幼习武，先后受业于清末太极拳巨擘郝为真宗师再传弟子陈固安、吴文翰二位先生，习武派拳艺 40 余年。今将师父吴文翰亲授之刀术,整理如下,供读者研究学习。

二、武式太极连环十三刀刀式名称

预备式

（一）按刀

1. 搂膝探掌；2. 虚步交刀；3. 退步按刀；4. 进步前刺；5. 左右撩刀。

（二）青龙出水

1. 立刀里裹；2. 探刀前扎。

（三）风卷残花

1. 平分秋色（弹步下扫）；2. 缠头藏刀；3. 搂膝斜刺；4. 护身推刀；5. 回身劈刀；6. 反臂探扎。

（四）白云盖顶

1. 弓步推刀；2. 平沙落雁（抱刀前刺）；3. 枯树盘根（左右）；4. 玉龙翻身（劈刀）。

（五）翻身挫腕

1. 插步拦截；2. 翻身挫腕；3. 抹喉截腿；4. 怀中抱月；5. 宿鸟投林；6. 前后撩劈；7. 金鸡独立。

（六）左右避刀

1. 右避刀；2. 左避刀；3. 撤步下截；4. 青龙探海；5. 连环三刀；6. 磨盘刀。

（七）背刀

野战八方（3 个翻身）。

（八）迎坟（风）鬼迷

1. 仰面云刀；2. 进步三刀；3. 滚身扫刀；4. 单凤朝阳（独立托刀）。

（九）风卷残花

1. 上步拦扫；2. 转身下斩（枯树盘根）；3. 金蜂戏蕊

（探臂下扎）；4. 大鹏展翅（转身扫刀）；5. 进步前刺。

（十）震脚提刀

1. 转身摆莲；2. 提刀探掌；3. 青龙入海（进步前刺）；4. 崩刀；5. 震足提刀。

（十一）拨云望日

1. 弓步推刀；2. 倒打金钟（反撩）；3. 玉带围腰（转身横斩）。

（十二）避刀败势

1. 凤凰旋窝；2. 左右撩腕。

（十三）霸王举鼎

1. 横梁架刀；2. 翻身探扎；3. 左右撩刀。

（十四）朝天一炷香

1. 抱刀横拦；2. 独立下截。

（十五）拖刀败势

1. 回环抹刀；2. 拖刀败势。

（十六）手挥琵琶

1. 翻身缠头；2. 按刀前刺。

（十七）抱刀收势

三、武式太极连环十三刀刀式图解

预备式

面向正南方，摒除杂念，气敛神凝，周身放松，两脚自然站立。左臂微屈稍向身前，左手拇指在上，其余四指在下，握住刀把。刀尖朝上，刀刃朝前，刀背贴臂膀，直竖向上；右手自然下垂；两眼平视前方，有欲动之势（图 7–1）。

要点：悬顶、微收下颏，身体保持自然中正，两臂自然松沉，胯根微收，臂部前送，双膝里合，摒除杂念，精力集中，气舒神畅，气纳丹田。

图 7–1

（一）按刀

1. 搂膝探掌

① 接前式。两臂手心向内，下沉圆撑（图 7–2）。身体微向下屈蹲，右脚向右稍移，脚尖内扣，左脚虚点于右脚前，身体右转呈右实左虚步；同时，右手由下向上提于右耳旁，掌心斜向前下方；左手握刀由外向内揽抱于胸前，刀斜置于左臂之上，刀刃朝外；目视前方，定势面侧向东方（图 7–3）。

② 身体左转，右腿蹬伸，上左步成左弓步；同时，左手握刀自胸前下搂至左胯前，立刀，刀尖向上，刀刃朝外；右手自脸前坐腕按出，立掌指尖向上，掌心斜向左前方；目视掌前

方，定势面向东方（图 7–4）。

图 7–2

图 7–3

图 7–4

要点：在腰带动下，两手动作要协调自然、上下相随，寓轻灵圆活于松静沉稳之中。

2. 虚步交刀

左脚尖略外摆落实，随即上右脚虚点于左脚前成右虚步，上体微右转；同时，左手握刀由下向上弧形举起与右手虎口相迎合，置于胸前；目视前方，定势面向东南方（图 7–5）。

要点：上步与两手抱刀要协调一致，上体中正安舒，两肩松沉，两肘圆撑又不失下坠之意，接刀自然，周身合劲。

图 7–5

3. 退步按刀

接上势。右脚向后撤一步，松胯落实。左脚随动虚点于右脚前成左虚步；同时，右手握刀柄，左手按置刀背之上，向身体右下方捋按；目视前方，定势面向东方（图 7–6）。

图 7–6

要点：向下按刀，身体微向右旋，要松腰沉胯，两腋空虚，松静沉稳，外示安逸，内隐杀机。

4. 进步前刺

右脚蓄劲蹬伸，左脚向左前方上一步成左弓步，上体随腰胯左转合裆劲；同时，左手向上弧形抄起手掌内旋撑掤于头左上方；右手握刀向前平刺，高与胸齐；目视前方刀攻击点，定势面向东方（图 7–7）。

图 7–7

要点：左手上掤要气势鼓荡，圆活饱满，向前刺刀要顺达自然，力透刀尖，以腰带臂，协调自然。

5. 左右撩刀

① 接上势。左脚不动，右脚向左脚后上步震脚，身体随

震脚向下沉坐；同时，右手握刀沉腕，刀背向右斜上方崩起；左手落按于腕之上；目视刀身，定势面向东方（图 7–8）。

② 上动不停，左脚尖略外摆，重心前移落于左腿之上。右脚随即跟上虚点于左脚前，上体左转；同时，右手握刀自右下方向左前方撩劈，刀刃朝上方；左手随动护于右手腕处；目视刀前方，定势面侧向东方（图 7–9）。

③ 接上势。右脚向前一步，脚尖外摆，屈膝落胯，重心移于右腿，左脚随即跟上一步，虚点于右脚前；右手握刀甩腕翻刀，刀尖自下向右后方撩劈，刀随势翻起，刀尖朝上方，刀刃朝后方；左手下落护于胸前；目视刀身，定势面侧向西方（图 7–10）。

图 7–8

图 7–9

图 7–10

④ 上动不停，身体略下蹲，左脚向左前方一步，右腿蹬伸成左弓步；同时，右手握刀下落翻刀向左前上方撩劈；左手在胸前划弧，屈臂手心外翻，掤于头左前上方；目视刀前刃，定势面向东方（图 7–11）。

图 7–11

要点： 震脚崩刀、沉气抖腕，要一气呵成，力贯刀背。向左、向右撩刀时，刀随身走，刀势步法协调一致，两臂运作，圆活自然。

（二）青龙出水

1. 立刀里裹

接上势。左脚不动，右脚向前一步，虚点于左脚前，成右虚步；同时，上体先向左转再微右转；左手下落与右手相合捧刀里裹，刀尖向上，刀刃向左，斜置于身前；目视刀身，定势面侧向东南方（图 7–12）。

要点： 裹刀要松腰落胯，丹田处向内吸劲，裹劲要有外撑之意，抱刀时肩肘要松沉，腰的左转右旋与抱刀要协调一致。

图 7–12

2. 探刀前扎

接上势。左腿蓄劲蹬伸，右脚向前一步，沉腰落胯成右弓步；同时，两手前后展开，右手握刀向前扎，刀尖向前上方，刀刃向左方；左手展按于身后；目视刀扎前方向，定势面向东南方（图 7–13）。

图 7–13

要点： 向前扎刀，右手臂向外旋拧伸出，力达刀尖。弓步与扎刀要协调一致，整个动作要连贯沉稳。

（三）风卷残花

1. 平分秋色（弹步下扫）

左脚向前弹步，右脚提起，松腰落胯蓄劲成左独立势；同时，左手前移，右手握刀回撤，合于胸前，左手在内，右手在外。随即两手同时展开，右手握刀下劈于右胯旁，刀尖斜向前下方，刀刃向下；左手向上掤起，肘圆撑，左手心朝头左前上方；目视前下方，定视面向东南方（图 7-14）。

图 7-14

要点：左脚向前弹步，右脚抬起与扫刀要流畅自然。独立步左膝关节屈蓄松沉，右腿提膝，高与腰平。

2. 缠头藏刀

① 上动不停，右手握刀甩腕，刀尖向下、向后，绕至头右上方；左手自上而下按于右胯旁，手心向下；同时，身体长起成左独立势；目视前方，定势面向东南方（图 7-15）。

图 7-15

② 左腿蹬伸，右腿向前落步，脚尖稍内扣，呈右弓步；同时，右手握刀缠头自左肩下

落，下拉置于右胯旁，刀尖向前、刀刃向下；左手向胸前抬起与右手相合，右手在外、左手在内，随即左手自胸前推出，手心向前，指尖高与口齐；目视前方，定势面向东南方（图 7-16）。

图 7-16

要点： 缠头刀背围脖而走，弓步拉刀要沉稳圆活，松腰塌胯，上体正直，左掌指领起，劲贯劳宫穴。

3. 搂膝斜刺

右脚向内碾地蹬伸，左脚抬起向前落步成左弓步；同时，身体左转约 90°，左手搂膝向上掤起于头左上方，手心斜向上方；右手握刀前刺，刀刃向左、刀尖向前，高与胸齐；目视前方，定势面向东北方向（图 7-17、图 7-18）。

图 7-17

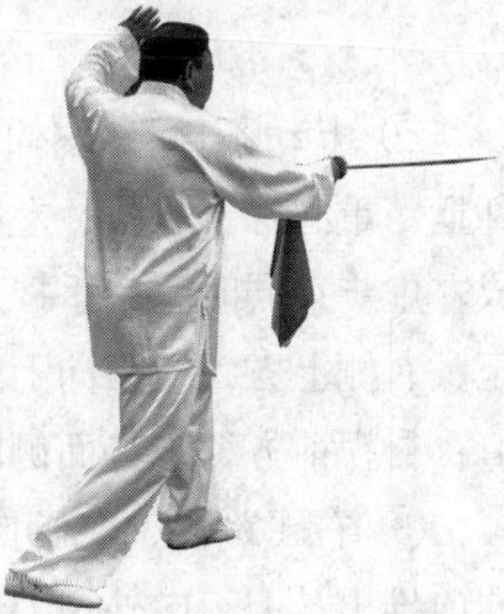

图 7-18

要点：上体左转与弓步前刺要协调一致，劲贯刀刃。目随势运，意远劲长。

4. 护身推刀

① 接上式。先向左转体，左脚尖略外摆，重心前移落于左腿之上，右脚随即跟上虚点于左脚前；同时，右手握刀屈臂向上撩于头左前方，刀刃向上、刀尖斜向前下方；左手收回护于右手腕旁；目视前方，定势面向东北方（图 7–19）。

图 7–19

② 上动不停，身体向右转约 90°，右脚向右一步，脚尖外摆，重心移于右腿，左脚随即跟上虚点于右脚前，松腰落胯成左虚步；同时，右手握刀，刀刃向外滚翻，自胸前护身拉起至头右侧上方，刀刃向上，刀尖向前下方；左手随动护于右手旁；目视前方，定势面侧向东南方（图 7–20）。

③ 右腿蹬伸，左脚向前上步成左弓步；同时，右手握刀向前推出，刀刃向外、刀尖向前下；左手仍护于右手旁；目视前方，定势面向东南方（图 21）。

图 7-20

图 7-21

要点：步随身换，身刀合一，身体左旋右转与两臂动作协调一致，劲贯刀刃。

5. 回身劈刀

接上式。身体向右后转180°，左脚尖向右后方扣拧蹬伸，右脚抬起向前跨步，成右弓步；同时，右手握刀自头上向身体后下方反劈，刀刃向前下方、刀尖朝斜上方；左手置于身体左后侧；目视前方，定势面向西北方（图 7-22）。

图 7-22

要点：翻身劈刀要一气呵成，以腰带臂，甩膀沉腕，劲贯刀刃，气沉丹田。

6. 反臂探扎

① 身体向右转，左脚上步，脚尖内扣；右脚虚点于左脚

旁，屈膝松胯，上体下沉；同时，两手随身体转动合抱于胸前，左掌在上，掌心向下；右手握刀在下，刀刃向外；目视左掌前方，定势面向北方（图 7–23）。

图 7–23

② 身体继续向右转，并向下俯，左腿屈膝立稳，右脚抬起；同时，右手握刀向下截劈于右胯前，随即反臂翻刀，刀身斜横于身前，刀尖斜向下；左手随右手展开于头后上方，手心向外，指尖向上；目视刀尖，定势面向东方（图 7–24）。

③ 上势不停，左脚蹬伸，右脚向前跨一步，左腿内掩合裆劲成右弓步；同时，右手握刀向前探扎，左手下落按于右手腕处，手心向下；目视前方，定势面向东方（图 7–25）。

图 7–24

图 7–25

要点：此式转腰带臂，刀随身走，劈刀时身须下俯，反臂探扎与弓腿要运行一致，气稳步实，精神专注，护住下盘，探臂扎刺敌方。

（四）白云盖顶

1. 弓步推刀

① 左脚不动，右脚收回虚点于左脚前，身体向左转约90°；同时，右手握刀随体转上撩于头左前方，刀刃朝上，刀尖斜向下；左手自后向前合于右手旁；目视前方，定势面侧向东北方（图 7–26）。

② 上体向右后转 180°，右脚向前稍移，以脚跟为轴、脚尖外摆后落平，左脚跟抬起，以脚尖点地随右脚拧转，松胯拧腰，成交叉步；同时，右手握刀随转体拉刀横于胸前，左手随动托刀，两手置于右肩外；目视刀刃前方，定势侧向东南方（图 7–27）。

图 7–26

图 7–27

③ 左脚上前一步虚点于右脚前，右腿屈膝松胯下坐蓄劲，左手扶刀背。上动不停，右腿蹬伸，左腿前跨一步成左弓步；同时，上体左转，两手向右前上方推刀；目视前方，定势面向东北方（图 7–28）。

图 7–28

要点：弓步推刀前，刀要在身体左旋右转下回环自然。推刀时要顶头竖尾，气向下沉，意贯刀刃。

2. 平沙落雁（抱刀前刺）

① 接上式。左脚尖外摆，右脚跟抬起外拧，两腿屈膝成坐盘步；同时，上体向左拧转；右手握刀甩腕向左后下方刺，刀尖回环向前甩起；左手随动与右手合抱于胸前。左手在内，右手握刀在外，刀刃朝外、刀尖斜向前上方；目视刀尖前方，定势面侧向东方（图 7–29）。

② 左脚蹬伸，右脚向前跨步成右弓步；同时右手握刀前刺，刀刃向左、刀尖向前；左手向后展开按于左胯后方，指尖

向左，手心向下；目视前方，定势面向正东方（图 7–30）。

图 7–29

图 7–30

要点： 抱刀前刺、蹬腿、长腰、舒臂、沉胯、左手塌劲，整个身体形成对拉拔长之势，动作协调自然，一气呵成。

3. 枯树盘根（左右）

① 接上式。右脚稍内扣，左脚自右脚后向前插步坐盘；同时，上体左转；右手握刀回撤，刀自背后裹脑，经左肩胸部向下斜劈于身体右前下方，刀尖朝前、刀刃向外；左手自后与右手合抱于胸前，左手在内，右手向下劈刀时左手向上旋翻掤架于头左上方，手心向斜上方；目视刀尖，定势面侧向东方（图 7–31）。

图 7–31

② 上动不停，双脚同时向后拧转，身体自左向后转

180°，随即左脚不动，右脚自左脚后向前插步坐盘；同时，右手握刀自下向上，刀刃向外、刀尖向下经头自右肩滚出下劈，刀刃向外，刀尖朝前下方，左手随右手展开后与右手胸前交叉，左手在右肩处，手心向上，指尖向右，右手在下，手心向上；目视刀尖，定势面侧向东方（图 7–32）。

要点：此式接上刺下劈，晃上攻下，突袭敌方左右下盘。向前插步、俯身坐盘与劈刀要干净利落、一气呵成。

图 7–32

4. 玉龙翻身（劈刀）

接上式。两脚同时自右向后拧转，身体弹起转动180°。随即，左脚蹬伸，右脚向前跨步，成右弓步；同时，右手握刀随转体自下经左后方自头上向前劈去，落于身前，刀刃朝下、刀尖朝前；左手随势展开按于左后下方，手心向下，指尖向左斜后方；目视前方，定势面向东方（图 7–33、图 7–34）。

图 7–33

图 7–34

要点： 翻身劈刀，转身幅度较大，劈刀时刀要随身走，身刀合一，翻身上步，松腰落胯，协调自然，和谐一致。

（五）翻身挫腕

1. 插步拦截

接上式。左脚不动，右脚自左脚前向左插步，上体向左转；同时，右手握刀自前向左甩再向右后下方劈刀，刀刃向外、刀尖向右后下方；左手同右手于胸前交叉后展开掤于头左上方，手心斜向上方；目视刀尖，定势面侧向北方（图 7–35）。

图 7–35

要点： 插步与下劈要协调一致，左腿要落胯沉坐，有蓄劲腾挪之势。

2. 翻身挫腕

上动不停，右脚落步，左脚向右脚前上步蹬地跳起，空中转体 180°，右脚先落地，左脚随即后撤一步，右脚虚点于左脚前，成右虚步；同时，右手握刀随转体自下而上大抡一周，横刀向下按于右脚前；左手随势旋转掤于头左上方；目视刀身，定势面侧向东方（图 7–36—图 7–38）。

图 7–36

图 7–37

图 7–38

要点：右脚插、左脚上、蹬地跳起、空中转身撤步、收步，步法要清晰不乱、连贯紧凑。翻身下按，如鹰之腾空扑击，一击中的。

3. 抹喉截腿

① 接上式。左腿蹬伸，右脚前跨一步，身腰长起成右弓步；同时，右手握刀翻腕向前上抹推，左手助右手推刀之势按于右手腕旁；目视前方，定势面向东方（图 7–39）。

② 左脚不动，右脚收回，虚点于左脚前，重心移于左脚，成左虚步；同时，右手握刀甩腕翻刀下截，刀刃斜朝外，刀尖斜向下方；左手随势掤架于头左上方，手心向斜上方；目视刀身，定势面向东方（图 7–40）。

图 7–39

图 7–40

要点：蹬腿、推刀，气要把定，节节贯穿，力达刀刃。撤步与下截要紧凑利落，击上取下，手腕翻转要自如。

4. 怀中抱月

接上式。左腿蹬伸，右膝抬起，成左独立势；同时，两手向身前收合，抱刀于胸前，左手在外，右手在内，刀刃向左外方，刀尖斜向前上方；目视刀尖，定势面向东方（图 7–41）。

要点：独立抱刀，左实、右虚要分明。要中正安舒，凝神敛气，静中求动。

图 7–41

5. 宿鸟投林

接上式。左脚蹬劲，右脚向前跨跳一步，身体向前弹起，右脚踏实，稳定重心，左脚屈膝抬起，成右独立势；同时，右手握刀自胸前向前捅刺，刀尖向前，刀刃向下；左手向后展开，手心向后，指尖向上；目视前方，定势面侧向东方（图 7–42）。

图 7–42

要点：蹬地前刺，身体要如箭离弦。前刺力点集中，手腕挺紧，神到、意到、劲到。

6. 前后撩劈

① 接上式。左脚向后落步，屈膝下坐，松腰落胯，右脚随即后撤，虚点于左脚前；同时，上体微向右转，右手握刀向前上方撩劈，刀刃朝上，刀尖朝前；左手在头左后方，手心向外，指尖向上；目视刀尖，定势面侧向东方（图 7–43）。

图 7–43

② 上动不停，右脚向前，脚跟着地，脚尖外摆，屈膝落胯下坐，左脚遂上前一步，虚点于右脚前。同时，腰、胯、身向右旋转，右手握刀翻腕，自前下向后上方撩劈，沉腕架刀于头方，左手随动转于胸前立掌，手心朝外。目视前方，定势面侧向东方（图 7–44）。

图 7–44

③ 上动不停，左脚跟落地，脚尖外摆，屈膝松胯，重心落于左腿，右脚向前一步，虚点于左脚前，成右虚步；同时，腰、胯、身向左旋转，右手握刀随转体翻腕向前撩劈，刀尖向前，刀刃向上；左手随

动护于头左后上方，手心向外，指尖向上；目视前方，面侧向东方(图7–45)。

④ 上动不停，左脚不动，屈膝沉胯，腰微前俯塌劲，右脚屈膝抬起；同时，右手握刀翻腕向下截劈，刀刃向右外，刀尖向下；左手随身转于头左外上方，手心向外，指尖向上；目视刀尖，定势面向东方（图7–46）。

图7–45

⑤ 上动不停，左脚蹬伸，右脚向前跨步，尾闾前送，提顶竖脊，两股靠拢裹裆，重心前移，成右弓步；同时，右手握刀先下劈后上撩，刀尖斜朝前，刀刃向左；左手向后下落按于左身后，手心向下，指尖斜向左；目视刀尖，定势面向东方(图7–47)。

图7–46

图7–47

要点： 本式左旋右转，往复转折，以腰为轴推动刀势，前撩后劈，连绵不断，刀随腰运不要脱节。下劈前撩与抬腿跨步，要协调一致。

7. 金鸡独立

接上式。左脚以脚跟为轴，脚尖外摆，右腿屈膝上抬，重心移于左腿，成左独立势；同时，上体左转 90°，右手握刀自头上方下劈于右膝内侧，刀尖斜向上方，刀刃斜向下方；左手弧形抬起掤架于头左上方，手心斜向上；目视前下方，定势面向西北方（图 7–48）。

图 7–48

要点： 左腿独立势要控纵自如，落地生根，不摇不晃。严守太极身法，提顶吊裆，立身中正，双肩双胯要平，膝部微屈不可蹬直，劈刀时气向下沉。

（六）左右避刀

1. 右避刀

① 接上式。左脚向左碾地蹬伸，右脚向右前落步，腰胯右旋合裆劲，成右侧弓步；同时，右手握刀，刀尖先右后左在头上方甩一刀花，自左向右拉刀，刀柄抱于右胸前；左手自上下落，掌心贴于右上臂内侧；刀尖向后、刀刃向外，刀背顺贴于左前臂；目视身体后方，定势面侧向西北方（图 7–49）。

② 上动不停，两脚不动，塌腰坐胯，向下沉劲；同时，

右手握刀沉腕前劈，刀尖向前，刀刃向下；左手助右手劈刀按于右手腕，掌心向下；目视前方，定势面向东北方（图 7–50）。

图 7–49

图 7–50

要点：右避刀向右侧弓步时，要两脚碾地，两股内扣合力，转动要有挽劲，拉刀、弓步要协调一致。

2. 左避刀

① 接上式。左腿屈膝落胯，重心后移于左腿，右腿随势铺平，成侧后坐步，身体微向左拧；同时，右手握刀，外旋内裹，向后吸劲蓄于左胸前，刀尖向前，刀刃斜向上；左手随势附于右前臂，手心向内；定势面向东北方（图 7–51）。

图 7–51

② 上动不停，左腿蹬伸，右腿前弓，成右弓步；同时，右手握刀外旋前刺，刀刃向左

方，刀尖向前方；左手向后下方展开，手心向下扣按，指尖向左后下方；目视前方，定势面向东北方（图 7-52）。

图 7-52

要点：左避刀，左腿后坐，周身向内缩劲，刀要随身拧裹蓄势。前刺弓腿要扣裆裹胯，要有松活、冷弹、抖发之意，整体涌出。

3. **撤步下截**

接上式。左腿屈膝下坐，重心后移落于左腿，右脚抬起自左脚前向左有蹬趟之意，悬停于左侧方；同时，身体向左拧转，两手回撤抱于胸前，右手握刀下劈，刀刃向外、刀尖向下，左手向右外上方展开，手心斜向上方；目视刀劈下方，定势面偏向西北方（图 7-53）。

图 7-53

要点：向前蹬趟是一腿击法，和向下劈刀要上下一致，劈刀要松腰沉气，力由脊发。

4. 青龙探海

① 接上式。左脚蹬劲，身体弹起，右脚前送落地后左脚在右脚前依次落地，然后身体向左拧转 180°，两腿屈膝下蹲成坐盘步，左腿在外，右腿在内；同时，右手握刀，自后下方经头部上方前刺后甩刀头随身体下蹲向后下方插，刀柄置于左膝前，刀刃向下、刀尖向后下方；左手随势同右手于胸前交叉后置于右脸旁，掌心向内，指尖斜向前上方；目视刀尖，定势面侧向西北方（图 7–54、7–55）。

图 7–54

图 7–55

② 左脚蹬地，右脚前跨一步，上体随前跨腰向右旋转合裆劲，重心前移成右弓步；同时，右手握刀前劈，刀刃向下，刀尖向前；左手向后展开扣按于左胯后方，掌心向下，指尖向左后方；眼随刀运，目视前方，定势面向西北方（图 7–56）。

图 7–56

要点：左脚蹬地跳起，身体要有在空中滑行的感觉，向前刺刀时要将右侧腰尽量拉长，助前刺之势。上步、坐盘、刺刀、插刀、向前弓步劈刀，一气呵成，协调自然。

5. 连环三刀

① 接上式。两脚不动，身体稍松胯蓄劲；右手握刀收回与左手在胸前交叉，随即刀自前向后下方经头上方划一大圆弧向前劈出；左手向后展开，手心向下，指尖向左后方；眼随刀运，目视刀劈前方，定势面向西北方（图 7–57、图 7–58）。

图 7–57

图 7–58

② 上动不停，身体重心后移，左腿屈膝下坐，右腿屈膝收回，成右虚步；同时，右手握刀裹臂拧腕收于胸前；左手自后向前助推于右手刀柄后端，刀尖向前，刀刃向斜上方；目视前方，定势面向西北方（图 7–59）。

③ 上动不停，左腿蹬伸，右腿前弓，成右弓步；同时，右手握刀前刺，刀尖向前，刀刃向左；左手助劲按于刀柄后端；目视前方，定势面向西北方（图 7–60）。

图 7–59

图 7–60

要点：连环劈刀与上步要紧凑一致，不可懈怠。劈刀时手腕下沉，要与松腰沉胯一致。

6. 磨盘刀

上体向左转 90°，左膝上抬，脚跟贯劲前蹬、落地，脚尖外撇，右脚随即弧形上步，脚尖内扣。左脚再脚尖外摆上步，落地后用劲蹬地跳起；右脚此时腾空，左脚落于右脚前。右腿蹬伸，裹胯合裆，身随步转一圆形，成左弓步。同时，左手向左领掌，掌心向前，指尖向上。右手握刀置于腰部右侧随左掌前运，随跳步向前横劈刀，刀刃向左，刀尖向前，左手内合抱刀。目视前方，定视面向西方（图 7–61—图 7–65）。

要点：身随步转，身刀合一。步走圆形，左、右、左（跳）、右（腾空）、左，行步要松腰塌胯，气沉丹田。刀要随身体旋转劈出，力达刀刃。

图 7–61

图 7–62

图 7–63

图 7–64

图 7–65

（七）背刀

野战八方（3个翻身）

① 接上式。身体向右后转，左脚向内扣拧，右脚前跨成右弓步；同时，右手握刀自前向后下方劈去，刀刃向右外下方，刀尖斜向前下方；左手掌随势展开掤于头左后上方；目视刀尖，定势面向东方（图 7–66）。

② 上动不停，身体重心后移，右脚收回向右方上步，左脚随即向右脚前再上步，成左弓步；同时，身体右转，右手握刀自前向下经后向前甩腕，在体右侧抖一刀花前劈，右手握刀柄置于左胯前，刀刃向下方，刀尖向前方；左掌自刀背上方向前穿掌扎出，手心向上，指尖向前；眼随刀运，目视前方，定势面向南方（图 7–67）。

图 7–66

图 7–67

③上体后转 180°，左脚向内扣拧蹬伸，右脚前跨一步，成右弓步；同时，右手握刀上提背刀，左手随即迎拍右手腕以

助右手劈刀之势，右手旋即从右肩将刀甩起下劈，刀尖向前，刀刃朝下方；左手向后展开，手心向外，高与肩平；眼随势运，目视前方，定势面向北方（图 7–68、图 7–69）。

④ 上动不停，右脚尖外摆，左脚向右脚前上步，成左弓步；同时，右手握刀自前向下经后向前甩腕，在右侧抖一刀花前劈，后拉刀于右胯前，刀刃向下方，刀尖向前方；左掌微收拢聚劲，自刀背上方穿掌扎出，手心向上，指尖向前方；眼随刀运，目视前方，定势面向北方（图 7–70）。

图 7–68

图 7–69

图 7–70

⑤ 上动不停，左脚向内扣拧，右脚抬起向西方跨步，同时，身体自左向右转动约 270°；右手握刀上提背刀，左手随即迎拍右手腕，以助右手劈刀之势。右手背刀不停从左肩自右肩将刀甩起下劈，刀刃向下方，刀尖向前方；左手向后展开，手心向外，高与肩平；目视前方，定势面向西方（图 7–71、图 7–72）。

⑥ 上动不停，右脚尖外摆，左脚向右脚前上步成左弓步；

同时，右手握刀自前向下经后向前甩腕在身体右侧抖刀花，前臂后拉刀于胯前，刀刃向下方，刀尖向前方；左掌收拢聚劲，自刀背上方穿掌扎出，高与口齐，手心向上，指尖向前；目视前方，定势面向西方（图 7–73）。

图 7–71

图 7–72

图 7–73

⑦ 上动不停，左脚扣拧，右脚抬起向东方跨步，身体右转 180°；同时，右手握刀上提背刀，左手前迎拍右手腕，以

助右手背刀之势。右手背刀不停从左肩向右肩将刀甩起下劈，刀刃向下方，刀尖向前方；左手向后展开，高与肩平；目视前方，定势面向东方（图 7–74、图 7–75）。

图 7–74

图 7–75

要点：此式刀法奇诡，回环多变，可攻击八方来敌。劈刀翻身、抖刀穿掌，都要流畅自然。步随身换，刀随身运，一气呵成，霍霍生风。

（八）迎坟（风）鬼迷

1. 仰面云刀

① 身体重心后移，左腿屈膝下坐，右脚收回虚点，成右虚步；同时，右手握刀与左手回收抱于胸前，右手握刀在外，左手在内，手心均向内。随即右手向下劈刀于右胯外，刀刃斜向右外，刀尖向下；左手掤于头左上方，手心向斜上方，指尖偏向右上方；目视刀劈下方，定势面向东方（图 7–76）。

② 两脚不动，上体后仰；同时，右手握刀自下向上挪架于脸上方，左手随动收合于右肘旁助右手架刀，手心向外，指尖向右；目视上方，定势面向上方（图 7-77）。

图 7-76

图 7-77

要点：本式险中取胜，以短取长，所以要手疾眼快。仰身云架刀，心到意生，把握时机，恰到妙处。

2. 进步三刀

① 接上式。右脚上步蹬伸，左脚接向前跨步，成左弓步；同时，右手握刀自头上方翻腕前劈，刀刃向左方，刀尖向前方；左手自左合于右手抱刀；眼随刀运，目视前方，定势面向东方（图 7-78）。

② 上动不停，右脚上步虚点于左脚前，成右虚步，上体微向右拧转；同时，右手握刀随身体后收右转向右劈刀，高与腰齐，刀刃向右外方，刀尖向前；左手随势于头右上方，手心向斜上方，指尖偏向上方；目视前方，定势面向东方（图 7-79）。

③ 左脚跟微向内转落实蹬伸，左脚向左斜方上步，腰胯

向左旋转，合裆裹胯；右手握刀前推，刀刃向外，刀尖向下方；左手推按刀背，力助向前推刀之势；目视前方，定势面向东北方（图 7–80）。

图 7–78

图 7–79

图 7–80

要点：上劈脖、下截腿，前推劈身，刀势紧凑；上步劈脖、下步截腿，进退自如。气沉丹田，周身一家，不可散形，以气催势。

3. 滚身扫刀

接上式。左脚不动，右脚向左脚前上步，脚尖内扣。紧接着左脚尖外摆向左外上步，蹬地送右腿腾空跳步。左脚再向前落于右脚前，成右弓步。同时，身随步转 360°，呈一圆形。右手握刀刀尖向下立刀。自左护身经头一周后自右肩向左劈出，刀刃向右、刀尖向前。左手向下、向上划弧掤于头左上方，手心向上，指尖向右上斜方。眼随势运，目视前方，面向东北方（图 7–81—图 7–83）。

图 7–81

图 7–82

图 7–83

要点：身随步转，脚的外摆、里扣，要形如流水。行步中要屈膝、松腰、塌胯，精神贯注。刀随身运，随腰胯旋转劈出，力透刀刃。

4. 单凤朝阳（独立托刀）

① 身体下蹲。左脚不动，右脚抬起脚内侧贯劲向右前方跳步，成右仆步下势；同时，右手握刀翻腕横于胸前，刀刃向右外方，刀尖向左方；左手下落护于左胸前，手心向外，指尖向上；目视右前下方，定势面向东南方（图 7–84）。

② 上动不停，身体重心前移，右腿蹬地立起，左腿屈膝上抬，成右独立势；同时，右手握刀自左向右下扫劈，随身起刀架于右侧上方，刀尖向前方，刀刃向上方；左手立掌坐腕于身旁，高与胸齐；目视前方，定势面向东方（图 7–85）。

图 7–84

图 7–85

要点：仆步下势接独立势，要保持上体中正，运转裆劲，整身而起。独立势要保持身法，提顶吊裆，卓然而立，静中欲动。

（九）风卷残花

1. 上步拦扫

左脚落地蹬劲跳起，右脚跳步，左脚经右脚向前落步，右腿蹬伸，腰胯身向左旋转，裹胯合裆，成左弓步；同时，右手握刀自头上方向右落与肩平向左扫劈，置于左胸前，刀刃向左，刀尖向右前方；左手随刀落下向左平抹停于身体左侧，手心向外，高与肩平，指尖向上；眼随刀运，目视前方，定势面向东北方（图 7-86）。

图 7-86

要点：跳步、劈刀、刀随身运、身刀合一。跳步与劈刀，身体向左转动与两臂运作要协调一致，劲贯刀之外刃。

2. 转身下斩（枯树盘根）

① 接上式。身体重心向右移，左脚经右脚前盖步，右脚接着上一步，左脚再自右脚后插步坐盘，同时，身体向后旋转

约 270°；右手握刀翻腕随步进向右前下劈刀，接着刀向上甩起、刀尖向下，刀柄自头右方裹脑，随身体下蹲，两手交叉抱于胸前，右手握刀在外，刀尖向左，刀刃向外，左手在内，手心向右外方，指头向右上方；眼随刀运，目视右下方，定势面侧向西方（图 7–87—图 7–89）。

② 上动不停，两脚不动，身体继续下蹲，成坐盘式；同时，两手展开，右手握刀贴地下劈于身体右外侧，刀刃向外，刀尖斜向前；左手向左上方展开，手心向外，指尖向上；目视刀劈下方，定势面侧向北方（图 7–90）。

图 7–87

图 7–88

图 7–89

图 7–90

要点： 此式随步法连续劈出两刀，第一刀是盖左步时劈刀，第二刀是插步坐盘时劈刀，衔接要紧凑，不可脱节断续。

3. 金蜂戏蕊（探臂下扎）

① 接上式。左脚后撤一步，屈膝下坐，右脚后移于左脚前虚点，成右虚步；同时，右手握刀抽回蓄劲于腹前，刀尖向前下方；刀刃向左；左手自上落下抱于右手处；目视刀尖，定势面向西北（图 7–91）。

② 上动不停，身体向下松沉，左脚不动，右胯向左扣拧，右脚抬起向前趟；同时，右手握刀随身体下沉向前下方扎刀，刀刃向左，刀尖向前下方；左手随即展开，指尖向前上方，掌心向外，高与肩平；目视刀扎下方，定势面侧向西北方(图 7–92)。

图 7–91

图 7–92

③ 上动不停，左脚蹬劲，右脚向前弹跳步，左脚再经右脚向前一步站稳，重心前移于左腿，右脚抬起屈膝于腹前，上体左转，成左独立势；同时，右手握刀随体转至腹前，左手下

落击右手腕。随即右手持刀向上甩起下劈，沉腕于腹前，刀刃斜向前方，刀尖斜向上方；左手抬起掤于头左上方，手心向上，指尖向右上方；眼随刀运，目视刀劈前方，定势面向东南方（图 7–93、图 7–94）。

图 7–93

图 7–94

要点：向前弹步要轻灵稳健，左手击右手是为了将向左旋转之力转变为甩腕下劈。劈刀时要沉气坐腕，松腰沉胯，力透刀刃。

4. 大鹏展翅（转身扫刀）

接上式。右脚向右后落地，左脚接上一步，右脚再向左脚后撤一步，左脚抬起成左独立势，上体随步法转动约 360°；右手握刀下劈再向上缠头裹脑下按于右胯前，刀刃向下，刀尖向前；左手下落划圆经腹前与右手交叉抄起掤于头左上方，手心向前，指尖斜向右上方；目视前方，定势面向东方（图 7–95—图 7–97）。

图 7–95

图 7–96

图 7–97

要点： 扫劈刀时，要与转腰翻身、步法协调一致。独立步，左手要有向上撑力，右手要有按劲，身体上顶下沉，卓然屹立，目光远射，有意远劲长之势。

5. 进步前刺

① 接上式。右腿屈膝，松腰坐胯，身体重心下落，左脚落地虚点于右脚前；同时，右手握刀上提于右腰窝，刀刃向左，刀尖向前；左手稍下落于额头左前方，手心向前，指尖向斜上方；目视前方，定势面向东方（图 7–98）。

② 上动不停，重心前移于左腿，左脚蹬劲，右脚腾空跳

步落下，左脚再上步于右脚前，右腿蹬伸，上体左转，裹胯扣裆，成左弓步；同时，右手握刀自腰间向前平刺，刀刃向左，刀尖向前；左手掤起于头左上方，手心向外，指尖斜向右上方；目视前方，定势面向东方（图 7–99）。

图 7–98

图 7–99

要点：虚步蓄劲与跳步前刺要一气贯串，整个动作要流畅自然。弓步时前挤后撑，顶头竖脊；前刺时前臂外拧，力贯刀尖。

（十）震脚提刀

1. 转身摆莲

① 左脚内扣，屈膝下坐，重心移于左腿，右胯向内吸，右腿自然舒伸，成后坐步；同时，右手握刀内旋，随转体置于腋下。左手仍掤于头左上方，手心向外上方，手指向右斜上方；目视前方，定势面向西方（图 7–100）。

② 上动不停，左脚蹬劲，右脚自左向右扇形摆踢；同时，

右手握刀不动，左手下落自右向左拍击右脚面；目视右脚面，定势面向西方（图 7–101）。

图 7–100

图 7–101

要点：本式左脚内扣，右胯内吸，身体向右后拧转180°，保持身躯中正，要在敏捷中求稳定。左手击打脚面要清脆响亮，不可弯腰俯身。

2. 提刀探掌

接上式。右脚落地，左脚提起成半独立步；同时，右手握刀自左腋向右下劈，随后翻腕提刀缠头裹脑，再经胸前拉刀于右肋处，刀刃向下方，刀尖向前下方；左手自左外向下、再向上与右手交叉合于胸前，然后借右手拉刀之势向前探掌，掌心向前下方，指尖向前方；目视前下方，定势面向西南方（图 7–102）。

图 7–102

要点：劈刀、缠头、探掌，一气呵成，要气沉丹田，有以静制动、一触即发之势。

3. 青龙入海（进步前刺）

接上式。右腿蹬伸，左脚落地，成左弓步；同时，腰胯沉劲，右手握刀向前下方沉腕前刺，刀尖向前下方，刀刃向下方；左手向上掤于头左上方，手心向左上方，指尖斜向右上方；目视前下方，定势面向西南方（图 7–103）。

图 7–103

要点：左掌上掤后引，左腿弓步与沉腕前刺如潜龙入海，以意引形，以形传神，舒身展臂，协调自然。

4. 崩刀

接上式。左腿屈膝下坐，右脚向前上步虚点于左脚前，成右虚步；同时，右手握刀，手腕上挑崩刀，刀尖向上方，刀刃向前方；左手下落按于右手腕，助右手崩刀之势；目视刀尖，定势面向西南方（图 7–104）。

图 7–104

要点：崩刀时，气要下沉、松腰、落胯，脊后鼓，做到力由脊发，达于手腕，崩刀才能干净利落、劲贯刀背。

5. 震足提刀

图 7-105

接上式。右足抬起后撤震足，左脚随即屈膝抬起，脚尖向下，脚面微有掤劲，成右独立势；同时，身体向右扣拧；右手握刀上提于头右方，刀尖斜向左下方，刀刃向外；左手按于右手腕处，臂圆撑，刀背轻贴于左前臂之上，助右手提刀之势；目视刀尖，定势面侧向西南方（图 7-105）。

要点：震足丹田吐气，以助提刀之势，一气呵成，不可稍有迟滞。提刀时两臂要圆撑饱满，气势松静沉稳，提顶吊裆，周身合劲，蓄以待发。

（十一）拨云望日

1. 弓步推刀

① 接上式。上体右转约 90°，左脚落地，脚尖向外撇，两腿屈膝下蹲成坐盘步；同时，右手握刀，左手移按至刀背处，两手按刀于体前下方，刀刃向下，刀尖向左；目视刀身下方，定势面向南方（图 7-106）。

② 上动不停，左脚蹬伸，右腿向前跨步，松左胯，送右胯，成右弓步；同时，两手握刀随身体长起向前推刀，刀尖斜向左上方，刀刃向前上方；目视推刀前方，定势面向西方（图7-107）。

要点：坐盘前左胯向内吸劲，便于上体向左扣拧向下坐盘。蹬腿推刀，要长腰舒肩，两膀圆撑，力生脊背，贯于两膊，达于两腕，透于刀刃。

图 7–106

图 7–107

2. 倒打金钟（反撩）

接上式。上体左转，右脚不动，左脚抬起自右脚后插步，上体向左侧倒，两腿屈膝下蹲，成坐盘步；同时，右手握刀随身体左移后自左下方向右上方撩起，刀刃斜向上方，刀尖斜向前上方；左手随势护于右胸前，手心向右外方，指尖向上；眼随刀运，目视刀尖前方，定势面侧向西方（图 7–108）。

图 7–108

要点： 插步与撩刀协调一致，上体倾斜时抽吸右胯。胸要内含，刀背与右臂、右肩成一直线。

3. 玉带围腰（转身横斩）

接上式。以右脚跟为轴、左脚掌点地，身体自左向右转约270°，右腿蹬伸，左脚向前跨步，成左弓步；同时，右手握刀刀尖下落，自左向上、向右甩一立圆，高与肩平，随转体划横圆扫劈，落于身体正前方，刀刃向左方，刀尖向前方；左手先向左划圆有领刀之意，再向内合于右手；目视前方，定势面向西方（图 7–109）。

图 7–109

要点：转身要平稳自然，不可低头弯腰。扫刀随身转，身刀合一，与弓步前斩要协调一致。

（十二）避刀败势

1. 凤凰旋窝

① 接上式。左脚尖向内扣拧蹬劲，右脚尖外摆，同时，腰胯身向右旋转，裹胯合裆，重心移向右腿，成右侧弓步；右

手握刀后拉平置于胸前，刀刃向外，刀尖向左后方；左手仍按于右手腕处，肘圆撑托架刀背；目视刀尖，定势面侧向北方(图 7–110)。

图 7–110

② 以右脚为轴，上体旋转一周，左脚抬起随转体落于右脚左侧后方，接着右脚抬起，屈膝吸胯，左腿屈膝下坐，成左半独立步；同时，右手握刀随转身向后扫劈于身体右侧，再随抬膝抖腕翻刀，刀尖向右侧下方，刀刃斜向前；左手随势展开于身体左侧后方，手心向外，指尖向上；目视刀身，定势面向西方（图 7–111、图 7–112)。

图 7–111

图 7–112

③ 上动不停，左腿蹬伸，右脚前上一步，屈膝松胯，成右弓步；右手握刀自下向上抹推，高与脸平，刀刃向外，刀尖

向右；左手按于身体左侧后方助右手推刀之势；目视推刀前方，定势面向西方（图 7–113）。

图 7–113

要点：刀势随身法、步法，反转变化，随身劲吞吐沉浮，内外统一，周身劲整。

2. 左右撩腕

① 身体重心后移，向左转拧腰胯，左腿屈膝下坐，右脚收回虚点于左脚前，成右虚步；同时，右手握刀微下落，随转体向左上方提撩腕，刀柄置于头前上方，刀尖向下，刀刃向外；左手随动仍按于身体左侧后方；目视刀尖，定势面侧向西方（图 7–114）。

② 上动不停，右脚抬起，脚尖外摆，身体重心换于右腿，屈膝下坐，上体向右旋拧腰胯，左脚向前上步虚点于右脚前，成左虚步；同时，右手握刀，刀尖先向左后甩落下再随腰转向右前上方提撩剪腕，刀柄置于头上方，刀刃向上，刀尖向前下方；左手随动立掌坐腕按于胸前；目视刀尖，定势面侧向西方（图 7–115）。

图 7–114

图 7–115

要点：本式动作左旋右转，双臂回环，刀随身运。刀势要饱满，须在立身中正安舒、八面支撑之身势下运作。虚步时裹裆护臀，提顶吊裆，不得摇晃倾斜。

（十三）霸王举鼎

1. 横梁架刀

接上式。身体微右转下沉，左脚抬起外摆，右脚向左脚前上一大步，身体左转约 180°，两腿屈膝下蹲，臀部内敛，顶头竖脊，成四六侧马步；同时，右手握刀刀尖先向右后下落，随体左转向前反撩，再向上举起，手腕向内拧，刀在头上方自后向左侧方甩，架于头上方，刀柄在头右上方，刀刃向上，刀尖向左侧方；左手随向前撩刀向后展开，再向上托架刀背，助右手举刀托架；目视刀尖，定势面侧向南方（图 7–116—图7–118）。

要点：向前撩刀要欲前先后，撩刀、托刀，配合身法的旋转上下相随，协调细腻，寓轻灵圆活于松静沉稳之中，托刀时胯向下沉，脊向上竖，臂向上撑，有上下对拉之势。

图 7–116

图 7–117

图 7–118

2. 翻身探扎

① 接上式。重心左移，右脚抬起回收脚尖外摆落地，身体右后转 180°，两腿屈膝下蹲，成坐盘步；同时，右手握刀

自头后下落，刀柄落于胸前，刀背托于臂肘，刀刃向外，刀尖向前方；左手随动掌心按于刀柄后端助劲；目视刀尖前方，定势面侧向北方（图 7–119）。

②上动不停，左脚抬起移于右脚旁，双脚成并立步，然后左脚蹬伸，身腰长起，成右独立步；同时左右手前后展开，右手向前捅刺，高与肩平，刀刃向左，刀尖向前；左手在后，指尖向上，手心向后外方，高与肩平；目视刀刺前方，定势面侧向东方（图 7–120）。

图 7–119

图 7–120

要点：坐盘到独立势要稳健沉实，蹬腿长腰与刺刀要一气贯串。头领脊竖，气要下沉，刺刀要有抖劲，劲贯刀刃。

3. 左右撩刀

① 上体右转，左脚不动，屈膝下坐，右脚下落虚点于左脚前，成右虚步；同时，右手握刀先翻腕刀向右划一圆弧，再由下向左上方撩扫，刀柄置于头左前方，刀刃向上，刀尖向前

下方；左手稍下落仍按于身体左后方；目视刀尖，定势面向东方（图 7–121）。

② 上体右转，右脚抬起，脚尖外摆，屈膝下坐，左脚向前虚点于右脚前，成左虚步；同时，右手握刀翻腕刀向左后下甩，划一大弧向右前上方撩扫，刀柄置于右头上方，刀刃向上，刀尖向前下方；左手外展于胸前；目视刀尖前方，定势面向东方（图 7–122）。

图 7–121

图 7–122

③ 两脚不动，右手握刀下落，刀柄置于肋间，手心翻转向上，刀刃向左，刀尖向前方；左手移向脸左前方，手心向外，指尖向上；目视刀尖，定势面向东方（图 7–123）。

④ 左脚向前跨步，屈膝松胯，右腿蹬伸，胯、腰、身向左旋转，裹胯合裆，成左弓步；同时，右手握刀前刺，高与胸平，刀刃向左，刀尖向前；左手向上翻转掤架于头左侧上方，手心向左上方，指尖斜向右；目视前方，定势面向东方（图 7–124）。

图 7–123

图 7–124

要点： 本式左右撩刀时，步随身换，身随步走。上步转体，刀随身运，圆活自然。弓步前刺，两腿要前挤后撑，尾闾前送，夹脊后鼓，左手臂如半月形圆活掤架。

（十四）朝天一炷香

1. 抱刀横拦

两脚不动，松腰沉胯；同时，右手握刀抖腕上崩，刀柄置于腹前，刀背朝里，刀尖向上；左手下落按于右手腕上。目视刀身，定势面向东方（图 7–125）。

图 7–125

要点： 刀由横转竖，向上崩起，气要沉，腕要抖，要恰合一致，干净利落，劲贯于刀背。

2. 独立下截

接上式。左脚蹬地，右脚提起屈膝前蹬，两手仍成体前抱刀。随即右腿屈膝收回，松腰沉胯，左腿屈坐，成左独立步；同时，右手握刀自右膝外下截，刀柄置于右胯外侧，刀刃向下，刀尖向前；左手向上掤架于头左上方，手心向左上，指尖向右上方；目视刀刃下方，定势面向东南方(图 7–126、图 7–127)。

图 7–126

图 7–127

要点：本势借崩刀之势前蹬，流畅自然，配合紧凑。屈膝下截，左手掤架，要协调一致，下截时手腕聚紧，不可松懈。

(十五) 拖刀败势

1. 回环抹刀

接上式。左脚不动，身体重心后移，右脚落地，成横裆步；右手先下后上再前，回环一周抹刀，按刀于身前，刀柄置于腹前，刀刃向下，刀尖向前；左手随势下落按于刀背之上；目视前方，定势面侧向东方（图 7–128）。

要点：横裆步两膝要内合裹劲，裆要圆撑。抹刀要在身体后移时随身而动，手腕要轻快灵活，支配刀的回环。

图 7–128

2. 拖刀败势

接上式。上体右转，两脚碾地向右扣拧，成侧弓步；同时，右手握刀向右后拉，刀刃向下，刀尖斜向下方；左手成勾手置于胯处；目视左后方，定势面侧向南方（图 7–129）。

图 7–129

（十六）手挥琵琶

1. 翻身缠头

接上式。上左步，退右步，重心移于右腿，身体自右后转

270°，右腿屈膝下蹲，左脚收回虚点于右脚前，成左虚步；同时，右手握刀随转身劈刀，随即翻腕将刀提于右肩后握刀做缠头裹脑，刀从左肩拉下，刀柄置于腹前，刀刃向下，刀尖向前上方；左手按于刀背之上，顺势立掌向前推出；目视刀尖，定势面向东方（图 7–130、图 7–131）。

图 7–130

图 7–131

要点：翻身先上左步，转体后再撤右步，步随身运，身随步转，劈刀、缠头、按刀，贯穿自然，动作舒展。

2. 按刀前刺

接上式。右脚蹬劲，将身弹起，左脚前窜一步落地屈膝踏稳，右脚随即上跟震脚，成并步半蹲式；右手握刀顺势前刺，刀刃向下，刀尖向前方；左手自刀背向后按于右手腕；目视前方，定势面向东方（图 7–132）。

要点：左脚前窜，右脚震脚扎刀，身进步随，一气呵成。以气催势，紧腕沉肘，松腰实腹，力达刀尖。

图 7–132

（十七）抱刀收势

① 接上式。身体右转，右脚向右后方撤步，身体重心后移，右腿屈膝下坐，左脚后收虚点，成左虚步；同时，右手刀交左手，两手右上左下分开，左手抱刀于腰胯左侧方，右手掤于头右上方，手心向外，指尖斜向左上方；目视前方，定势面向南方（图 7–133、图 7–134）。

图 7–133

图 7–134

② 两脚不动，右手下落，左手抱刀上迎，两手高与胸平，手心均向上。左脚后撤一步，右脚遂跟上与左脚平行站立，成开立步；同时，两手向左右分开向上各划半圆，置于头前方，掌心均向下方，右手指尖向前，左手握刀，刀刃向左外，刀尖向后方；目视前方，定势面向南方（图 7–135、图7–136）。

③ 两腿微屈膝，两手徐徐下按，两腿屈膝坐稳；同时，两手按于左右胯前，两臂下沉圆撑。两脚缓缓蹬伸站起；两手松垂于身体两侧归于无极；目平视前方，定势面向南方（图 7–137、图 7–138）。

图 7–135

图 7–136

图 7–137

图 7–138

要点：收势动作要连贯圆活，松稳慢匀。开立步自然站立时，全身放松，深呼气，神气归元。

四、古传武式太极十三刀概述

太极十三刀，为鼻祖武禹襄留传之古刀法。该刀刀势结构严谨，刀势紧凑，暗合太极原理，阴阳相辅，刚柔相济，势法精奇，刀刀致用，充分体现出内固精神，外示安逸的太极神韵。

五、古传武式太极十三刀刀式名称

起势：1. 按刀；2.青龙出水；3. 风卷残花；4. 白云盖顶；5. 背刀；6. 迎坟鬼迷；7. 震脚提刀；8. 拨云望日；9. 避刀败势；10. 霸王举鼎；11. 朝天一炷香；12. 拖刀败势；13. 灵猫捕鼠；收势。

六、古传武式太极十三刀图示

图 7–139 起势（1）

图 7–140 起势（2）

图 7–141 起势（3）

图 7–142 按刀

图 7–143 青龙出水

图 7–144 风卷残花（1）

图 7–145 风卷残花（2）

图 7–146 风卷残花（3）

图 7–147 风卷残花（4）

图 7-148 白云盖顶（1）

图 7-149 白云盖顶（2）

图 7-150 白云盖顶（3）

图 7-151 背刀

图 7-152 迎坟鬼迷（1）

图 7-153 迎坟鬼迷（2）

图 7-154 震脚提刀

图 7-155 拨云望日(1)

图 7-156 拨云望日（2）

图 7-157 避刀败势

图 7-158 霸王举鼎

图 7-159 朝天一炷香

图 7–160 拖刀败势

图 7–161 灵猫捕鼠（1）

图 7–162 灵猫捕鼠（2）

图 7–163 灵猫捕鼠（3）

图 7–164 收势（1）

图 7–165 收势（2）

图 7–166 收势（3）

图 7–167 收势（4）

图 7–168 收势（5）

图 7–169 收势（6）

图 7–170 收势（7）

第八章　武式太极三十六枪

一、武式太极三十六枪概述

武式太极三十六枪是笔者已故恩师太极名家陈固安先生，根据自己练武式太极拳、械七十多年的心得体会，在武式鼻祖武禹襄先生所创“太极十三枪”“太极四枪”及“对刺枪”的基础上精心创编而成；是武式太极拳练习掤、捋、挤、按、採、挒、肘、靠各种劲法的器械练习，久习可增长内劲，提高功力，以及协调性、灵敏性等。从而逐步达到周身一家，以气催身，气力相合的发放技巧。

枪势连续不断，结构紧凑巧妙，技击性强，刚中寓柔，柔中寓刚，深合太极之理。劈、崩、挑、扎、盖、搬、拦、托，势势都蕴藏着精妙劲法，练之于精神，发之于外表，有其技击与健身价值。为便于学习和理解，先师遗著枪诀一并献出。因水平有限，欠妥之处，尚请读者指正。

武式太极三十六枪歌诀

太极枪法妙无穷，摆拿合滑基本功。环抱太极枪拄地，撤步左弓擎天勇。左右抡枪似车轮，崩枪劲沉力完整。五花摔杆震天地，空中掷枪龙云腾。拦膝绞枪势法猛，擀枪卸势败中胜。抡枪一圈分阴阳，顺风摇旗凯歌声。缠摇叩扎崩枪势，手挥琵琶在前胸。刷枪抖跃出水龙，跐步起架拜佛诚。饿虎扑食势嫖悍，拦路虎势令人惊。拗步斜劈招难防，风扫梅花矫健灵。中军出队威凛然，宿鸟投林钻劲冲。塌枪败势诱敌法，倒步三圈显威风。前刺一枪迅如箭，颠步提膝攀枪能。拖枪坐扑似伏虎，跃步提膝平刺凶。里迎外摆把身扩，掏步闭枪跳步弓。

盖枪崩扫势连贯，弹跳跨步如追风。前跃刺枪似龙形，掏步斜刺咽喉中。拖枪跑跃折身刺，握枪盘膝叠刺崩。太极四枪招法鲜，退步缠枪粘沾连。跐步下势架枪刺，提膝拨枪猿背通。里迎外摆枪栽地，踢枪翻身若蛟龙。

抡圈坐扑拨枪势，上步跃刺蛇出洞。五花摔掷蟒腾空，左右腰刺肋下分。趋步砸把势击顶，脚下撺枪抢地龙。转身举枪走弧形，回身跃刺锐难封。背枪抡扫三军横，手挥琵琶刷面孔。三十六枪妙奇特，招法雄健盖世雄。寒暑不易习无间，人勤志坚方有成。

二、武式太极三十六枪枪式名称

预备式

1. 弓步拖枪
2. 左右抡枪
3. 崩枪
4. 打五花摔枪
5. 空中抛枪绞枪前刺
6. 撺枪、抡枪
7. 顺风摇旗
8. 缠摇、叩、崩、刷枪
9. 上摆右步琵琶势
10. 青龙出水
11. 童子拜观音
12. 饿虎扑食
13. 拦路虎
14. 拗步斜劈
15. 风扫梅花
16. 中军出队
17. 宿鸟投林
18. 塌枪败式
19. 灵猫捕鼠
20. 倒步缠枪、前平扎枪

21. 垫步提膝前刺枪
22. 钻枪坐盘独立平刺
23. 里迎外摆身扎枪
24. 盖、崩、扫（三枪）
25. 跨步跃跳前扎枪
26. 掏步斜刺枪
27. 转身下刺枪
28. 坐盘叠刺枪
29. 太极四枪
30. 缠枪、架枪、跃步平刺枪
31. 里迎外摆栽枪，踢枪翻身劈枪
32. 坐盘拨枪（彩女滑船）
33. 五花摔枪、掷枪、接枪回刺
34. 上步把砸、脚下撺枪
35. 转身高举枪，跑式回身跃平刺
36. 背枪、抡扫、手挥琵琶

三、武式太极三十六枪枪式图解

预备式

两脚开立与肩同宽，环抱太极，枪尖在体前拄地，头正、身直、目视前方（图 8–1）。

要点：摒除杂念，呼吸自然，气沉丹田。

图 8–1

1. 弓步拖枪

右脚不动，左脚后撤，成左弓步，上体向左再向右拧转，同时，左手向下、向左、向上划圆亮掌于头左上方，掌心向上；右手持枪，枪尖拄地，与身体呈水平斜线；目视枪尖（图8–2、图 8–3）。

图 8–2

图 8–3

要点：撇左步，左手亮掌，与摆头转体要协调一致。右胯下沉，身体中正。

2. 左右抡枪

向右转体，两脚碾地，左脚上步虚点于右脚前；同时，右手持枪自身体左、右侧由前向后划立圆抡扫，枪头自后向前落于身体前下方，左手向下握住枪把；目视枪头（图 8–4—图8–6）。

要点：抡枪与上步要连贯自然，手、眼、身、步与枪头下落协调一致。

图 8–4

图 8–5

图 8–6

3. 崩枪

上动不停，右腿实，左腿虚，屈膝坐腰；同时，左手在前，右手在后握枪，枪头在前上方崩枪；目视枪头(图 8–7)。

要点：坐腰与崩枪要一致，气沉丹田，力由脊发，力达枪尖。

图 8–7

4. 打五花摔枪

(1) 上动不停，左脚落实，右脚上步，左脚再跟进一步，上体右转 180°；同时，两手握枪自左向右，自前向后在身体两侧舞立圆，置于左肩上方；目视前方（图 8–8、图 8–9）。

⑵ 上动不停，身体继续左转，左脚蹬地跳起，右脚跳落地面，而后左腿向右腿前方跳落成左仆步；同时，两手握枪，由上向下劈摔，枪平置于地面上；目视枪尖（图 8–10、图 8–11）。

图 8–8

图 8–9

图 8–10

图 8–11

要点：五花摔枪与转体要协调一致。蹬地跳起，仆步劈枪，要紧凑连贯，以气催身，以身催枪，力达枪杆。

5. 空中抛枪绞枪前刺

重心前移成左弓步；左手松开枪，右手滑向枪把向上抛枪。旋即右手接枪身前段，左手随握枪身中段抬右膝，由右向左绞枪前刺，成右弓步；眼随枪势，目视枪尖（图 8-12—图 8-14）。

图 8-12

图 8-13

图 8-14

要点：抛枪要运用腕力，干净利落，绞枪前刺与提右膝配合协调，沉实稳定。

6. 撺枪、抡枪

(1) 左脚不动，右脚向身后退一步，身体右转 180°；同时，右手抓枪前段向前撺扎后撒把，左手顺枪势向后滑把，右手顺势接枪后把，成右弓步拖枪式（败式）；头向后转，目视枪尖（图 8–15）。

图 8–15

(2) 两脚不动，两手持枪向左外搬拦后翻把向下采捋，腰下塌，成丁八步；目视枪尖（图 8–16）。

(3) 右脚蹬地，身体重心前移成左弓步；同时，两手持枪把前扎；目视枪尖（图 8–17）。

要点：换把、叩枪、前扎要连贯自然。往复转折，以腰为轴，催动枪势。

图 8–16

图 8–17

7. 顺风摇旗

左脚追右脚挤步，抬右脚向右转体 360°；同时，两手握枪自左向右抡扫一圈半，竖枪置于右侧，枪尖朝上方；眼随枪转，目视身体左前方（图 8–18—图 8–20）。

图 8–18

图 8–19

图 8–20

要点： 抡枪要以腰带枪，枪展开要圆满。竖枪要合胯坐腰沉气，身正势威，气势鼓荡。

8. 缠摇、叩、崩、刷枪

(1) 右腿自左腿后向左插步，接着左腿向左前跟进一步成左虚步；同时，两手握枪自左向上拨枪，再由上向下叩砸枪，枪尖朝下；目视枪尖（图 8–21、图 8–22）。

图 8–21

图 8–22

(2) 上动不停，右脚不动，向上长身抬左腿；同时，两手握枪上崩，枪尖朝上；目视枪尖（图 8–23）。

(3) 右脚不动，左脚前落，右脚随即跟进虚点于左脚跟处；同时，两手握枪，自上向下、向前下方刷扎；目视枪尖（图 8-24）。

图 8-23

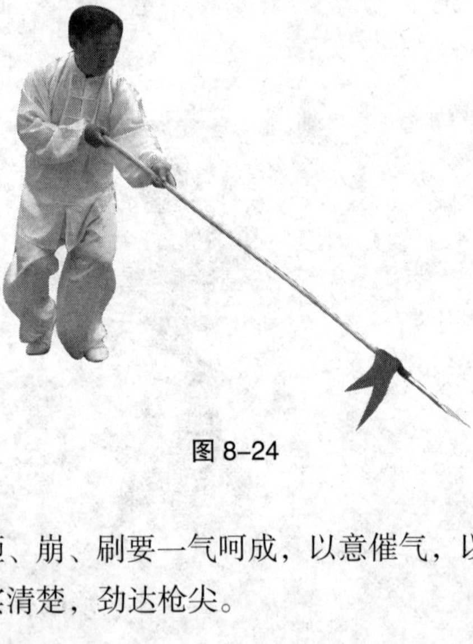

图 8-24

要点：缠摇、叩、砸、崩、刷要一气呵成，以意催气，以气催身，以身催枪，虚实清楚，劲达枪尖。

9. 上摆右步琵琶势

左脚不动，右脚向左脚前盖步，脚尖外摆，成坐盘步；同时，两手握枪自左下向上扳起，枪左上右下斜置于胸前，枪尖朝左上方；目视前方（图 8-25）。

图 8–25

要点：坐盘步抱枪，要安舒自然，支撑八面，有静中欲动之势。

10. 青龙出水

（1）右脚不动蹬地长身，左脚向前一步，虚点于右脚前；同时，两手握枪自上向前下点扎，枪置于身前，枪尖朝前下方；目视枪尖（图 8–26）。

图 8–26

（2）左脚蹬地，右脚向前跃步，左脚旋即跟上落于右脚前方；同时，两手握枪，由左向内抖枪，自腰间向前挺刺成左弓步，枪平置于身前；目视枪尖（图 8–27—图 8–29）。

图 8–27

图 8–28

图 8–29

要点：蹬地、长腰、抖枪、弓步前扎，要协调一致，气向下沉，内力达于枪尖。

11. 童子拜观音

（1）左脚不动，右脚向身体右侧跳步成右仆步；同时，两手握枪随身动向右下方扫击，左手手心向上握枪中段，右手手心向右外握枪把；目视右方（图 8-30、图 8-31）。

图 8-30

图 8-31

(2) 左脚蹬地抬起，右膝挺直，身体重心移于右腿，成右独立势；同时，两手握枪向上托架，枪平置于头右上方，枪尖朝前方；目视枪尖（图 8–32）。

图 8–32

要点：独立势要稳健。由仆步向上架枪要整身而起，不能偏倚。

12. 饿虎扑食

右脚蹬地，左脚向前跨跳一步，右脚随即跟上，脚尖点于左脚跟处；同时，两手握枪，向左右挂枪，枪头向前下劈扎，枪置于身前，枪尖朝前下方；目视枪尖（图 8–33、图 8–34）。

图 8–33

图 8-34

要点：跨跳、劈扎要协调一致。坐腰沉气，束肋擎脊，使内力达于枪尖。

13. 拦路虎

左脚蹬地，右脚向右前方跨步，成右弓步；同时，两手握枪向右上扳枪，枪斜置于身体右侧方。左手手心朝上，右手手心朝下；目视枪尖（图 8-35、图 8-36）。

图 8-35

图 8–36

要点：蹬地、拧腰、身体向上弹起，劲贯两膊透于枪杆，此式练习上掤之劲。

14. 拗步斜劈

左脚不动，右脚自左脚后向左插一步，上体微右转，两腿成交叉步；同时，两手持枪自左向右甩枪头探扎，左手手心朝下，右手手心上拧裹于左腋下，枪头甩置于右前上方；目视枪尖（图 8–37、8–38）。

图 8–37

图 8–38

要点：拗步、扎枪要协调一致，顺达自然。斜劈扎枪、手把要活，枪尖回环自如、灵活多变。

图 8-39

15. 风扫梅花

左脚向前虚点于右脚前成左虚步；同时，右手握枪上提，左手向下滑把扫格，两胸扩展，枪头甩向左下方；目视前方(图 8-39)。

要点：滑把扫路，要以意领气，胸间要有圆活扩展之意；支配两手的动作，步法、身法、枪势要协调一致。

图 8-40

16. 中军出队

左脚不动，右腿屈膝松腰下沉；同时，两手向上崩枪，枪头向上擎起，左手在上，手心向右，右手在下，手心向左，枪直竖于身体左侧；目视前方（图 8-40）。

要点：屈坐崩枪上举，右实左虚要分明，要中正安舒、凝神敛气，有欲动之势。

17. 宿鸟投林

右脚蹬地，左脚抬起向前窜跃一步，整身而起，接着右脚向前跟进一步；同时，两手握枪由上向前盖劈，两手心均向下，枪平置胸前，枪尖朝向前方；目视枪尖（图 8–41）。

图 8–41

要点：向前窜跃，要整身而起（雀跃），枪如离弦之箭向下盖劈，贯穿一气。

18. 塌枪败式

身体右转，左脚不动，右脚向身后退步成右弓步；同时，两手握枪向外抖腕拧枪，腰微向左转，胯向右拧，成反挣力，枪身斜置身前，枪头朝左下方；目视枪尖（图 8–42、图 8–43）。

要点：塌枪时要以腰胯之劲带枪，气要把定，凝神待动。

图 8-42

图 8-43

19. 灵猫捕鼠

左脚蹬地向右碰右脚跟，右脚向右跨一步，落地后向左转身，左脚向前，右脚尖点于左脚跟处；同时，两手握枪先向外拨再向内扣下扎，枪尖朝前下方；目视枪尖（图 8-44、图8-45）。

图 8-44

图 8-45

要点：向右趋步与转身拨枪要协调一致，一气呵成。拨枪虚实无定，灵活致巧。

20. 倒步缠枪、前平扎枪

左脚不动，右脚自左脚后向左插步成交叉步，随即左脚向左横移一步，右脚再向左脚后插步，左脚再向左横移一步，右脚站稳后左脚向前一步成左弓步；同时，两手握枪随身动自左向右先大后小缠摇三圈后，向前平扎枪，枪平置于身前，枪尖朝正前方；目视枪尖（图 8-46—图 8-49）。

要点：倒步与缠枪要协调自然。缠枪时左手把要松，右手手腕要圆活，意贯枪头，虚实无定。

图 8-46

图 8-47

图 8-48

图 8-49

21. 垫步提膝前刺枪

左脚蹬地前跳，接着右脚向前一步，而后左脚再向前一步，仍成半马步；同时，两手握枪自左向右缠叩枪前刺，枪置于身前；目视前方（图 8-50—图 8-52）。

图 8–50

图 8–51

图 8–52

要点：缠叩枪时，以腰带枪，松腰沉胯，刺枪时以内摧外而出。

22. 钻枪坐盘独立平刺

(1) 右脚向右稍移，上体右转，左脚尖右拧，重心右移，成右弓步；同时，两手握枪向外翻把拧枪，左臂外转手心向上，右臂内转手心向前，枪斜置于胸前，枪尖朝脚前下方；目视枪尖（图 8-53）。

⑵ 左脚向右挤步碰右脚跟，随即右脚抬起向右一步，身体自左向右拧转 180°成坐盘步；同时，左手撒把，右手握枪自头顶上方随身体拧转落置于右胸前，左手随势动立掌置于枪把后端，枪尖向身体右方；目视枪尖（图 8-54）。

⑶ 上动不停，左脚蹬地，右脚随即向前跨跳一步，左膝抬起成独立势；同时，右手握枪挺腕前刺，左手向头左上方亮掌；手心向外，枪尖朝右前方；目视枪尖（图 8-55）。

图 8-53

图 8-54

图 8-55

要点：钻枪与坐盘要协调一致，独立平刺雀跃而起，周身一家，力达枪尖。

23. 里迎外摆身扎枪

⑴ 接上式，左脚向右一步，右脚再向前一步，随即脚尖外摆，身体右后转 180°，左脚随转体抬起落于右脚前，成左虚步；同时，右手握枪，枪头向前自左后向前划圆，再经右后向前划圆不停，左手随势动接枪中段，枪随转身向身后方崩起；左手手心向上托握枪把，右手臂转拧，手心向右抓握枪把，枪斜置于身前左侧，枪尖朝前下方；目视枪尖（图 8-56—图 8-58）。

图 8-56

图 8-57

图 8-58

(2) 左脚向前一步，成左弓步；同时，两手握枪随身动叩枪前扎；目视枪尖（图 8-59、图 8-60）。

图 8-59

图 8-60

要点：转身与里迎外摆枪要连贯自然，要有拨开对方左右技击之意。叩枪时腰向右拧沉胯，扎枪要平、稳、疾。

24. 盖、崩、扫（三枪）

（1）右脚向左脚后插步，身体右转 90°，随即左脚向左跳步成右弓步；同时，两手握枪自身体左侧由下至上划一大圆向下盖压，旋即松腰、鼓脊、紧胯、枪头向上崩起，左手在上，右手在下，两手手心相向，枪尖朝身体前上方；目视前方（图8-61、图 8-62）。

图 8-61

图 8-62

（2）上动不停，身体左转 90°，左脚向右脚前斜上一步，成交叉步；同时，两手握枪自上向下扫拨，左手在下，右手在上，枪头置于身体左侧下方；目视枪尖（图 8-63）。

要点：盖崩扫，是连续攻击之枪法。要步随身换，上下相随，连贯紧凑，要有松活、冷弹、抖发之意。

图 8-63

25. 跨步跃跳前扎枪

左脚蹬地，右脚向前小跳一步，接着左脚再向前一步成左弓步；同时，两手握枪枪头自左向右抖枪花前扎（还可连续跨步前扎），枪平置身前，枪尖朝前方；目视枪尖（图 8-64、图 8-65）。

图 8-64

图 8-65

要点：弓步与前扎枪要协调一致，要以腰催动枪势，抖叩、前扎。

26. 掏步斜刺枪

身体向右转，右脚向左脚后掏倒一步屈膝成坐盘步；同时，两手握枪自左下方甩起枪头向右上方叠刺，左手在前握枪中段，手心向下，右手握枪把，手心向上置于左腋下，枪尖指向右前上方；目视枪尖（图 8-66、图 8-67）。

图 8-66

要点： 掏步与斜刺、坐盘叠腰要一气呵成，协调自然。右手运枪要活，左手握枪要松，枪头声东击西，抖然弹起。

图 8–67

27. 转身下刺枪

(1) 上体右转，左脚不动，右脚向右后跨步成右弓步；同时，两手握枪自右上方向左下方搬枪，左手握枪，腰向外旋拧，手心向上，右手上提外翻，手心向外，枪斜置于身前，枪尖朝后下方，头向左后方扭；目视枪尖(图 8–68)。

图 8–68

(2) 两脚向前行步，右脚抬起，左脚弹跳步抬左膝，身体左转，叠腰拧胯；同时，两手握枪随身动持枪向身后下扎，枪斜置身前，枪尖朝身后下方；目视枪尖（图 8-69）。

要点：拧枪时左胯要向内扣拧，要与扭头协调一致。提膝、转腰下刺，要沉实稳定，动作连贯。

图 8-69

28. 坐盘叠刺枪

上动不停，落左脚，右腿屈膝，成坐盘步。同时，两手握枪，随身动向下压、前扎，枪平置身前。目视枪尖（图 8-70）。

要点：坐盘刺枪要协调一致。周身一家，上体端正，神贯头顶，力达枪尖。

图 8-70

29. 太极四枪（前刺心窝，左刺膀尖，下刺脚面，上刺咽喉）

（1）左脚上前一步，右脚跟进成并步；同时，两手握枪向前平刺；目视枪尖（图 8-71）。

(2) 左脚不动，右脚向右前斜方跨一步成右弓步；同时，两手握枪划弧线向右前方刺，枪置于身体右侧上方，枪尖向正前方；目视枪尖（图 8–72）。

图 8–71

图 8–72

(3) 左脚向正前方上一步成左弓步；同时，两手握枪向前下方刺，枪尖向身体前下方；目视枪尖（图 8–73）。

(4) 左脚不动，右脚上前一步与左脚并步；同时，两手握枪自下提起再向前上方刺；目视枪尖（图 8–74）。

图 8–73

图 8–74

要点：太极四枪是武禹襄先生传留的精妙技法，枪势意上寓下，步动身随，上、下、左、右不离要害，意气贯穿，一气呵成。

30. 缠枪、架枪、跃步平刺枪

（1）先退右步再退左步，随即震右脚出左步成左弓步；同时，两手握枪随退步缠摇叩枪向前扎刺，枪尖朝正前方；目随势运，目视枪尖（图 8-75—图 8-79）。

图 8-75

图 8-76

图 8–77

图 8–78

图 8–79

⑵ 身体向右拧成马步，同时双手向外拧枪。紧接着左腿提起，向前落步砸枪，双腿仍成马步状。随即后腿蹬伸，双手持枪，弓步前刺（图 8–80—图 8–83）。

图 8–80

图 8–81

图 8–82

图 8–83

(3) 左腿屈膝，右脚提起向右下势即起，左脚上提成右独立势；同时，两手握枪枪头自下向上扳起，托架于头右方。紧接着左脚落地，身体向左拧转 180°，成坐盘步；同时，两手握枪左手在前、右手在后收拧于左胸前，枪尖朝右前方。目视枪尖（图 8-84—图 8-87）。

图 8-84

图 8-85

图 8–86

图 8–87

(4) 右脚向前跨一步，左膝抬起，成右独立势；同时，右手握枪前刺，左手向后立掌展开；目视枪尖（图 8–88）。

要点： 缠枪、架枪要伸缩自如，右手枪前刺与左手展开要一致，出枪时要蹬腿、长腰、舒臂抖腕、节节贯穿、力达枪尖。

图 8-88

31. 里迎外摆栽枪，踢枪翻身劈枪

(1) 左脚向右前方落地，接着右脚稍抬即落，膝曲蓄，左脚随即再向前一步，虚点于右脚前成左虚步；同时，两手握枪自身体左侧，枪头向下、向上、向前甩起，再向身体右侧向下、向前、向上划立圆，枪头落置于头右后上方，左手随势动按于胯左侧方；目视前方（图 8-89、图 8-90）。

图 8-89

(2) 上动不停，枪头向前甩落于身体前方。左脚向上踢枪头，落地后脚尖向右后扣拧，身体向右转 180°，右脚随转体提起落于左脚后成开立步；同时，右手握枪随身体转动从上自身体右侧划圆向前下劈落，左手随势迎枪，枪腰置于左手腕上，枪尖朝前下方；目视枪尖（图 8–91、图 8–92）。

图 8–90

图 8–91

图 8–92

要点：里迎外摆枪要以腰为轴带枪，身枪合一，活泼无拘，松肩活腕，协调自然。翻身与劈枪要一致。

32. 坐盘拨枪（彩女滑船）

（1）左脚向前落实，接着右脚向前一步，脚尖内扣，身体向左转 180°，左脚自右脚后背步，向左拧转成开立步；同时，右手握枪随身转抡扫一圈，左手接枪中段，枪头甩向右侧后，枪斜置于身前；两手持枪成左上右下交叉状；目视枪尖（图8-93—图 8-96）。

（2）右脚向左膝前跨步，屈膝成坐盘步，紧接着左脚向前上步，虚点于右脚前，成左虚步；同时，两手握枪自右向左划圆甩头，向左下方拨，左手在下，右手在上，两手滑把展开；头向左摆，目视枪尖（图 8-97、图 8-98）。

图 8-93

图 8-94

图 8-95

图 8-96

图 8-97

图 8-98

要点：抡枪坐盘协调自然，拨枪时右手上提，左手下拉把要松活。

33. 五花摔枪、掷枪、接枪回刺

⑴ 左脚向前一步，右腿屈膝沉胯，成马步；同时，两手握枪随身动叩枪，枪头自左向内划一小圆；目视枪尖（图 8-99）。

图 8-99

(2) 重心前移成左弓步；同时，两手握枪前刺；目视枪尖(图 8-100)。

图 8-100

(3) 先上右脚，再上左脚向右后盖步，左脚内扣，上体顺势旋转 360°，转体后右脚抬起，左脚随即蹬地向前扑跳，成左仆步；同时，两手握枪，右手向前滑把，在身体两侧先左后右划圆，随着扑跳向下摔枪，枪置于身前地下，枪尖朝前方；目视枪尖（图 8-101—图 8-104)。

图 8-101

图 8–102

图 8–103

图 8–104

（4）右腿蹬伸，左膝弓，身体长起，右膝随即抬起；同时，右手握枪后把上扔使枪头倒转，右手随接枪头，左手接枪腰向右后下方刺。再抽枪换把，左手抓枪头，右手抓枪腰，抬左膝向左后下方刺；目视枪尖（图 8-105—图 8-108）。

图 8-105

图 8-106

图 8–107

图 8–108

要点：弓步刺枪、五花摔枪要连接紧凑，左右回刺以腰带臂，挺膝下刺要协调一致，力达枪尖。

34. 上步把砸、脚下撺枪

（1）左脚落地，身体左后转 90°，右脚随即上一步，屈膝下蹲成马步；同时，两手握枪用枪后把向右前砸击；目视枪把（图 8–109）。

图 8–109

（2）左腿抬起，

以右脚为轴身体向左后转动 180°，左脚落地，右脚接着向前一步，上体继续向左后转动 180°，成右弓步；同时，两手握枪，枪头自左脚下撺出前扎，随即左手撒把随枪前扎之势向后展出，立掌，手心向后；目视枪尖（图8–110、图 8–111）。

图 8–110

图 8–111

要点： 砸把转身脚下撺枪与弓步前刺要一气呵成，协调一致。以腰为轴，以身带枪，身枪合一，连贯圆活。

35. 转身高举枪，跑式回身跃平刺

（1）以右脚跟为轴，身体左后转 180°，左脚收点于右脚旁，两膝均屈蓄；同时，左手收回立掌护胸，右手握枪置于右肩上，枪尖朝向后方；目视前方（图 8–112）。

（2）左膝抬起成独立势；同时，两臂展开，右手握枪置于身体右前方，左手在身体左侧成勾手状，高与耳平，枪尖朝向后方；目视前方（图 8–113）。

图 8–112

图 8–113

（3）向前弧形跑动几步，然后向右回身，右脚虚点于左脚旁，成右丁虚步，随即抬右脚，向前跳跃一步，左腿蹬伸，成右弓步式；同时，随转身左手收回护于右手旁，再随右手展开如前，右手握枪向前平刺，枪尖朝前方；目视枪尖（图 8–114、图 8–115）。

图 8–114

图 8–115

要点：此乃诱敌之法，含败中取胜之意。举枪两臂动作要舒展，转身刺枪前要蓄劲，抖腕前刺要劲贯枪尖、力由脊发、心意合一。

36. 背枪、抡扫、手挥琵琶

（1）上左步，虚点于右脚前成左虚步；同时，枪自前向后下方甩头，右手握枪把上提置于头右上侧，左手随枪势接枪中段置于身体左后方，枪斜背于身后，枪尖朝下；目视前方（图8–116）。

图 8–116

（2）右脚向前一步，两腿呈交叉状；同时，两手握枪由头上方自左向右抡扫两圈后，枪头向左上方崩起，枪头朝上斜置于身前；目视前方（图 8–117、图 8–118）。

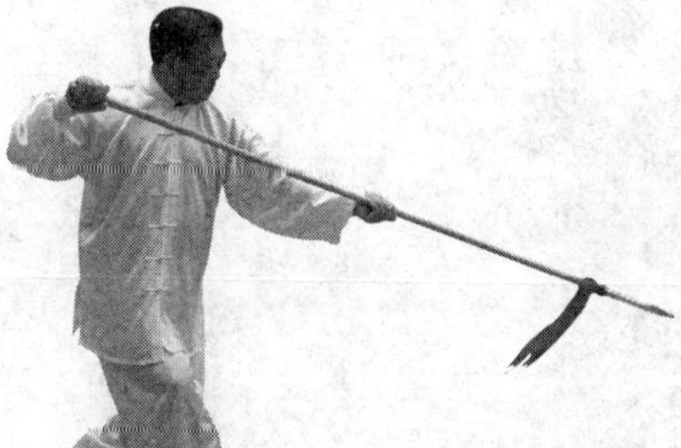

图 8–117

图 8–118

⑶ 右脚踏稳不动，左脚向右脚处并步；同时，右手握枪前送，左手向左立掌展开，手心向外，枪尖朝上，枪身直竖置于身前；目视前方（图 8–119）。

⑷ 右脚向后退一步，左脚跟着退一步，成并步站立；同时，右手握枪交与左手，左手握枪屈臂回收，枪直竖于左侧身前。右手自身体右侧由下往前上经胸前下按，手心向下置于身体右侧方，合太极势；目视前方（图 8–120—图 8–123）。

图 8–119

图 8–120

图 8–121

图 8-122

图 8-123

要点：背枪上步抡扫要圆活连贯，向上崩枪时要松腰沉胯，实腹敛气，精神贯注。合太极势要松稳慢匀，屈膝站起与右手的下按呼气要协调一致，全身放松，自然站立，神气归元。

四、武式太极传统十三枪（杆）概述

武式太极十三杆，亦称十三枪（或大杆、大枪），蕴杆可比枪之意。本门习练之十三杆系鼻祖武禹襄所创，传承至今。此杆由十三个势法名称组合而成，暗寓太极十三势：掤、捋、挤、按、採、挒、肘、靠、进、退、顾、盼、定。在太极拳习艺过程中，可通过习练大杆，增长内劲和对太极拳艺各种劲别的理解，提高功力以及身体的协调性、灵敏性，从而逐步掌握周身一家，以气催身，气力相合的发放技巧。它是太极拳练习力量素质及其有效的途径和方法。

演练时如持短枪，进枪时可用盘、扑、独立、跟挤等步法，如持丈长大杆，可不用跟挤步，每势拿稳桩步，以求力猛势沉，练艺练劲，意中求劲，避免虚浮之病。

五、武式太极传统十三枪（杆）枪式名称

1. 崩一杆；2. 青龙出水；3. 童子拜观音；4. 饿虎扑食；5. 拦路虎；6. 拗步；7. 斜劈；8. 风扫梅花；9. 中军出队；10. 宿鸟归巢；11. 拖枪败势；12. 灵猫捕鼠；13. 手挥琵琶

六、武式太极传统十三枪（杆）图示

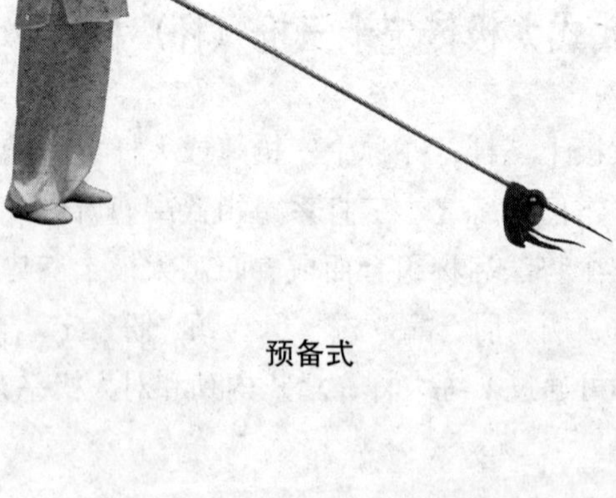

预备式

1 崩一杆

2 青龙出水

3 童子拜观音（一）

3 童子拜观音（二）

3 童子拜观音（三）

4 饿虎扑食（一）

4 饿虎扑食（二）

4 饿虎扑食（三）

5 拦路虎（一）

5 拦路虎（二）

6 拗步

7 斜劈

8 风扫梅花

9 中军出队

10 宿鸟归巢

11 拖抢败势（一）

11 拖抢败势（二）

11 拖抢败势（三）

12 灵猫捕鼠（一）

12 灵猫捕鼠（二）

13 手挥琵琶

收势还原（一）

收势还原（二）

收势还原（三）

第九章　武式太极剑五十五式

一、武式太极剑五十五式概述

武式太极剑是武式太极拳门派的传统器械，相传为武禹襄所创，融击、刺、格、洗、抽、带、提、点、崩、劈、截、搅、压十三势为一体，所以又名“太极十三势剑”。先师陈固安根据时代需求，结合本人体会，对剑式组合、动作要领、演练技巧，都做了不少改进，使其形式更加完美，内涵更为丰富，演练起来圆活蕴藉，连绵不断，舒展洒脱，轻灵敏捷。运用时则因敌变化，不拘成法，以静伺动，以逸待劳，顺人之势，避实击虚，因此深受人们喜爱。我自幼跟陈老师学拳，习此剑多年，也积累了一些知识。今将这一传统剑法整理出来，供读者研究学习，因水平有限，不妥处，尚请读者指正。

二、武式太极剑五十五式剑式名称

1. 预备式
2. 仙人指路
3. 三环套月
4. 大魁星
5. 燕子抄水
6. 左右拦扫
7. 小魁星
8. 灵猫捕鼠
9. 蜻蜓点水
10. 凤凰抬头
11. 黄蜂入洞
12. 凤凰展翅
13. 小魁星
14. 凤凰单展翅

15. 等鱼式
16. 龙行式
17. 抱月式
18. 青龙显爪
19. 乌龙摆尾
20. 青龙出水
21. 风卷荷叶
22. 左、右狮子摇头
23. 虎抱头
24. 野马跳涧
25. 盗马式
26. 青龙显爪
27. 迎风掸尘
28. 霸王提鞭
29. 顺水推舟
30. 力劈华山
31. 天马飞报
32. 挑帘式
33. 左、右车轮
34. 燕子衔泥
35. 大鹏展翅
36. 海底捞月
37. 宿鸟投林
38. 夜叉探海
39. 犀牛望月
40. 射雁式
41. 童子拜观音
42. 凤凰展翅
43. 左右挎篮式
44. 射雁式
45. 白猿献果
46. 左、右散花式
47. 玉女穿梭
48. 猛虎摆尾
49. 虎抱头
50. 鱼跳龙门
51. 乌龙绞柱
52. 朝天一炷香
53. 风扫梅花
54. 牙笏式
55. 抱元归一

三、武式太极剑五十五式剑式图解

1. 预备式

面向正南方，摒除杂念，气敛神凝，周身放松，两脚自然并立；左臂微屈稍向身前，左手拇指在上，食指在下，中指在后，把定护手，剑尖向上，剑刃朝前，剑身稍离臂膀直竖向上；右手自然下垂；两眼平视前方，有欲动之势（图 9-1）。

要点：悬顶、微收下颏，身体保持自然中正，肩臂自然松沉，剑刃不要触及身体，摒除杂念，精力集中，气舒神畅，气纳丹田。

图 9-1

2. 仙人指路

(1) 接前式。身体自然向下屈蹲，先上右步，再上左脚虚点于右脚前；同时两手向外、向前划圆掤抱于胸前，右手掐剑指，左手握剑斜置于左臂之上，剑尖斜指向左后方；目视前方（图 9-2—图 9-4）。

图 9-2

图 9-3

图 9-4

(2) 左脚尖略外摆落实，随即上右脚落于左脚旁成并步站立；同时右手剑指经胸前划弧自耳后向前指出；左手持剑手腕向后再向前划一小圆后翻转，左手反握剑柄，剑尖向上，剑身直竖紧贴于前臂后；目视前方（图 9–5—图 9–7）。

图 9–5

图 9–6

图 9–7

要点：上步与两手举抱要协调一致，上体中正安舒，两肩松沉，肘有下坠之意，接剑自然，勿停滞。

3. 三环套月

(1) 身体微向左转，右脚贴地向右蹬擦后屈蹲下沉，左脚随之虚点于右脚旁；同时左手持剑自左向右划圆停于胸前；右手剑指自胸前向右上划圆置于头前上方；目视左前方（图 9–8）。

(2) 接上式。先向左转体，左脚向左前上步，成左弓步；同时左手持剑向下经左膝搂至左膝外侧，剑尖向上，剑身竖直置于左臂后侧；右手剑指走弧线向正前方指出，掌心向下；目视前方（图 9-9）。

图 9-8

图 9-9

（3）右脚抬起，向前下有蹬踏之意；同时右手剑指翻转向后划弧捧抱；左手持剑自右手上方向前穿出。随即右脚落地，左脚向前，成左弓步；右手剑指置于左手旁；面向东，目视前方（图 9-10—图 9-13）。

图 9-10

图 9-11

图 9-12

图 9-13

要点： 两臂运作，要圆活自然，丁步、弓步、踩步上体正直，不可低头拱背，猫腰凸臀，要目随势运。

4. 大魁星

(1) 左脚踏实不动，右脚向前虚点于左脚跟处；同时右手接剑向前下点劈，剑尖斜指前上方；面向东，目视剑尖（图9-14）。

(2) 右脚向后擦步下势，体向右转；同时右手持剑随身动向右后斜劈，随即由下向上沉腕崩剑；左手剑指随剑势划弧线按于右手腕部；面向西，目视剑尖（图 8-15、图 8-16）。

(3) 右脚掌碾地，身体向左后转，左腿屈膝抬起，脚尖自然下垂；右手持剑上举至额上方，剑身竖平，剑尖向正前方；左手剑诀由左胸向前指出；眼随剑动，平视前方（图9-17）。

图 9–14

图 9–15

图 9–16

图 9–17

要点：点剑顺达自然，意至剑尖，下势削剑与转腰一致，以腰带臂，协调一致，独立势膝关节微屈松沉，不可僵挺。

5. 燕子抄水

身体略下蹲，左脚向左前方上一步成左弓步；同时右手持剑下落后手心朝上将剑朝左前上方削去；左手剑指随右手剑势自右下向左上划弧，屈臂，手心外翻，置于左前上方；面向东北，目视前方（图 9–18—图 9–20）。

图 9–18

图 9–19

图 9–20

要点：向前上撩削剑转弓步时，剑势步法协调一致，上体不要前倾和突臀。

6. 左右拦扫

（1）左脚尖略外摆，重心前移落于左腿之上，右脚随即跟上虚点于左脚旁；同时，身体左转，右手持剑屈臂划弧停于左肩前上方，手心向内，剑尖向上；左手剑指落于右腕旁；面向东北，目视剑尖（图 9–21）。

⑵ 右脚向右前跨步成右弓步，左腿蹬沉；同时，右手持剑翻腕，向前平推扫出；左手剑指按于右手腕旁随右手向前推出，手心向下；面向东，目视前方（图 9–22）。

⑶ 左脚上步，停于右脚旁，旋即向前跨出一步成左弓步；同时，身体左转 90°，右手持剑由右向左划一大弧，自身体右侧腰部向前平推扫出；左手剑指随剑势由右下经左向上屈臂，手心外翻置于前左上方；面向东，眼随剑向前方看去（图 9–23、图 9–24）。

图 9–21

图 9–22

图 9–23

图 9–24

要点：步随身换，身剑合一。身体左、右转动与两臂动作协调一致，劲贯剑之外刃。

7. 小魁星

身体左转，右脚上步虚点于左脚旁，随即右脚向右前迈步，身体右转，左脚跟上虚点于右脚前方；同时，右手持剑随身动先向右上，再向右下划圆后向左上提起拉割，剑尖斜向前下方；左剑指随剑动落于右腕里侧；面向东，眼神随剑前看（图 9–25、图 9–26）。

图 9–25

图 9–26

要点：剑由后向前上方绕环与身体转换一致；向前撩剑要与迈左步协调一致，整个动作连贯圆活。

8. 灵猫捕鼠

身体向左后拧转，左脚向左后蹬擦成左弓步；同时，右手持剑随转体向下方刺出；左手剑指随剑势向左上方屈臂翻腕，置于左前上方；眼随剑势前看（图 9–27、图 9–28）。

要点：转身弓步前刺要协调一致。

图 9-27

图 9-28

9. 蜻蜓点水

(1) 左腿屈蹲，右腿提膝，膝关节微向外展，脚尖微向内扣护左膝；同时，右手以食指、拇指平扣剑柄，其余手指松握，沉腕向上崩剑，剑柄置于腹前，剑尖斜向前上方；左手剑指下落置于右腕之上；眼视剑尖（图 9-29）。

(2) 右脚向前跨跳一步，左脚随后点于右脚旁；同时，右手持剑向前下方点刺；左手剑指置于右腕旁；目视剑尖（图 9-30）。

图 9-29

图 9-30

(3) 右腿屈蹲，左脚抬起，膝盖稍向身体左侧，脚尖微扣护右膝；同时，右手持剑，向上崩起剑尖；左手剑指随势置于右腕旁；目视剑尖（图 9–31）。

(4) 接上势。左脚向前跨跳一步，右脚随后点于左脚旁；同时，右手持剑向前下方点刺；左手剑指随势置于右腕旁；面向西北，目视剑尖（图 9–32）。

图 9–31

图 9–32

(5) 接上势。右脚蹬地向前小跳，左脚腾空过步，成右弓步；同时，右手持剑向上崩起后向前下方刺出，左剑指向左上方展开；面向西北，目视剑尖前方（图 9–33—图 9–36）。

图 9–33

图 9–34

图 9-35

图 9-36

要点：提膝与崩剑要协调一致，提膝膝部不得低于腰部，上步、丁步、点剑要协调一致。

10. 凤凰抬头

(1) 左脚外摆，右脚尖里扣，向左转体闪身成左半弓步；同时，右手持剑向左侧胸前旋拧，剑刃向左斜捋抹，剑尖平指前方；左剑指随剑势合于右腕旁；目视剑尖前方（图 9-37）。

(2) 上动不停。右脚提起虚点于左脚旁，旋即向右后擦步，左脚虚点于右脚旁，身体随脚动向右转；同时，右手持剑自下向右上撩削；左手剑指随动置于右腕旁；面向西，目视剑尖（图 9-38、图 9-39）。

要点：左、右转换上抬剑时，要平稳，上体不得晃动。动作以身带臂，圆活自然。

图 9-37

图 9-38

图 9-39

11. 黄蜂入洞

接上式，左脚上前一步，左剑指同时向前指出，随即右脚抬起停于左膝窝处；同时，右手持剑向前刺出，左手剑指随剑势回撤置于头右前上方；面向西，目视剑尖前方（图 9-40—图 9-42）。

图 9-40

图 9-41

图 9-42

要点： 出剑指与前跨步刺剑，要紧凑一致，扣膝独立时，要沉实稳定，精神专注。

12. 凤凰展翅

右脚向后侧一步成左弓步，右手持剑下落停于胸前后向右前上斜削，手心向上。紧接着向后转体 180°，右手执剑，随转体平推，左手剑指向左下方展开，手心向下；面向东，目随剑势，意贯剑刃前方（图 9-43—图 9-45）。

图 9-43

图 9-44

图 9-45

要点： 削剑时要与转腰、弓步协调一致。以腰带臂，剑指与剑势前后要展开，劲贯剑刃前端，上体中正，神态自然。

13. 小魁星

左脚向左外展，身体左转 90°，右脚提起虚点于左脚旁；同时，右手持剑向后劈砍，屈臂停于头部右前方，意在剑之外刃；左手剑指按于右腕脉上；面向西，目随剑转（图 9-46）。

图 9-46

要点： 转身劈剑与上右步要协调一致。丁步时重心要平稳，提顶吊裆，虚领顶劲，气沉丹田。

14. 凤凰单展翅

上动不停，右脚向后横移半步，左脚随即后插一步，身体左转；同时右手持剑自身前划弧线向后反撩削，虎口向下；左手剑指随剑势置于右肩窝处；面侧向东，目视前方（图 9-47）。

图 9-47

要点： 插步与反撩剑要协调一致，上身倾俯时胸要内含，剑尖与右臂、右肩成一直线。

15. 等鱼式

图 9–48

左脚向后撤回坐实，右脚回收虚点于左脚之右前方成右虚步；同时，将剑屈臂向身前旋抽，剑身平，剑尖朝前上方，手心朝上；左手剑指随剑势按于右腕处；面向东，目视剑尖（图9–48）。

要点：撤左步，收右腿，胸前抱剑要协调一致。抱剑时，肩、肘松沉。

16. 龙行式

（1）身体微向左转，右手持剑向左抹带。然后提右脚向右前上步成右弓步；同时，右手向内翻腕，用剑之前刃向前平行推抹，手心朝下；左手剑指附于右腕处；目视前方（图 9–49、图 9–50）。

图 9–49

图 9–50

（2）左脚上前一步，屈膝沉实，以脚跟为轴向右转体90°，右脚跟虚点于左脚前，脚尖翘起；同时，右手持剑随身转动向右抹带；左手剑指随动置于右腕处；面向南，目视前方（图 9–51）。

图 9–51

（3）身体左转 90°，左脚向左前一步弓出，右脚落蹬地，成左弓步；同时右手持剑向前平撵；左手剑指随右手动作向左上方划弧，屈臂，手心外翻置于前左上方；面向东，目视前方(图 9–52)。

（4）右脚上步屈膝沉实，身体向左转 90°，随转体左脚尖虚点于右脚前；同时，右手剑亦随转体划圆向左平撵；左手剑指随右手动作下落按于左腕处；面向北，目视前方（图 9–53）。

图 9–52

图 9–53

（5）剑势不停，左脚尖向内拧扣，身体右转，右脚向右前方迈出一步成右弓步；同时，右手持剑随体转翻腕，手心向下，向右前平撵，横置于胸前；左手剑指随剑势仍按于右腕处；眼随剑势，面向东南，目视前方（图 9-54、图 9-55）。

图 9-54

图 9-55

要点：转体与上步要协调一致，剑的推、抹、捋、带高度与腰平齐，连绵不断，往复转折，以腰为轴，催动剑势。

17. 抱月式

上动不停，右脚收回虚点于左脚前，成右虚步；同时，右手持剑与左剑指在身前左、右展开后，旋腕屈臂将剑斜抱于面前，手心朝上，左手剑指附于右腕内侧；眼随剑势，面向东北，目视前方（图 9-56、图 9-57）。

要点：屈坐抱剑，左实、右虚要分明；要中正安舒，凝神敛气，静中求动。

图 9-56

图 9-57

18. 青龙显爪

左脚提起贴于右腿膝窝处；同时，右手持剑随身动向前上方刺出，手心仍朝上；左手剑指附于右腕内侧；眼随剑势，目视前方（图 9-58）。

图 9-58

要点：扣腿要稳健、沉实。

19. 乌龙摆尾

左脚后退一步，屈膝坐实，右脚收回虚点于左脚前；同时，右手持剑向右下格封，剑尖下垂指向地面；左手剑指向左前划弧屈臂，手心向左前外侧并置于头左前上方；面向东，目视前方（图 9-59）。

图 9-59

要点：落步截剑与剑指展开，要贯穿一气，截剑时，右臂不可僵直，要有松活、冷弹、抖发之意。

20. 青龙出水

（1）右脚向前跨一步，脚尖外摆，膝微弓，左脚跟抬起，两腿成交叉步；同时，右手持剑使剑尖自下陡起，向左前划弧线刺出，前臂向内拧裹，手心斜向右上。随即左脚上前一步，虚点于右脚前；左手剑指随势动置于右腕内侧；面向东北，目视前方（图 9–60、图 9–61）。

图 9–60

图 9–61

（2）右脚踏稳，左脚旋即向前跨出一步成左弓步；同时，右手持剑自左至右在头前划圆撩削后落至腰间，向前上方刺出；左手剑指随势置于左额前上方；眼随剑势（图 9–62、图 9–63）。

要点：上步、叠身与刺剑要协调一致；向前刺剑，右手臂要螺旋伸出，力达剑尖；弓步与刺剑要协调一致，整个动作要连贯。

图 9-62

图 9-63

21. 风卷荷叶

左脚抬起置于右腿膝窝处，右腿屈膝下蹲，同时，身体向右后转；右手持剑下落自下而上向后反撩剑；左手剑指随剑势附于右肩前；面侧向西，目视剑尖（图 9-64）。

图 9-64

要点：扣腿与向后撩剑协调一致，整个剑势一气呵成，上体中正，不可前俯或凸臀。

22.左、右狮子摇头

图 9–65

（1）左脚左撤一步下蹲成右仆步；同时，右手执剑翻腕向左甩头，贴地向左后斜削；左手剑指展开于左前上方；眼随剑势，目视剑尖（图 9–65）。

（2）左脚不动，身体直起，右脚收于左脚旁虚点成右虚步；同时，剑随身动提起，手心向内，剑尖朝前；左手剑指合于右手腕处；眼随剑势，面侧向西南（图 9–66）。

（3）接上动不停，身体右转，右脚向后一步，擦地屈蹲成左仆步；同时，右手剑翻腕由前上向下削劈；左手剑指随势动下落按于右手腕处；眼随剑势，面向西北（图 9–67）。

图 9–66

图 9–67

要点：左右下势拉剑转换与丁步托剑要协调一致；转换丁步时，上体中正，虚实分清，上托剑时，劲贯剑之上刃，整个动作连贯自然。

23. 虎抱头

⑴ 上动不停，左脚收回虚点于右脚前，成左虚步；同时，右手翻腕，剑刃翻起上削，置于头右前上方；左手剑指随势按于右腕下方；眼随剑势，面侧向西（图 9–68）。

(2) 右脚向右前方迈出一步，左脚提起跟上虚点于右脚跟处，身体向右转；同时，右手剑自上向右前沉腕点刺，力达剑尖；左手剑指随动作按于右腕上方；目视剑尖前方，面向东北（图 9–69）。

图 9–68

图 9–69

要点： 步上身随，以身催手，以腕运剑，力贯剑之前刃。

24. 野马跳涧

(1) 左脚向左后撤一步，身体向左后转，右脚提起虚悬于身前，脚尖下垂，成独立势；同时，右手剑自头上向前劈落，沉腕敛气；左手剑指展开随剑势合于右腕上；面向西，目视剑尖方向（图 9–70、图 9–71）。

图 9–70

图 9–71

（2）右脚落地，左脚上行一步，右脚再上行一步，随即右脚蹬地跳起，左脚过步，右脚弓出，成右弓步；同时，剑随步法、身动自左至右划圆搅剑，以手腕转动牵动剑势，然后向正前方平胸刺去；左手剑指随剑出后向左上方翻出，置于左额前上方；眼随剑势，面向正西，目视剑尖前方（图 9–72—图 9–78）。

图 9–72

图 9–73

图 9–74

图 9–75

图 9–76

图 9–77

图 9–78

要点：落步绞剑要轻灵平稳，上步与绞剑要协调一致，绞剑时手腕要松活，剑尖运转呈螺旋形，回环自如，灵活多变。

25. 盗马式

左脚跟、右脚掌同时碾地，身体向左后转动180°，左腿弓，右腿蹬直，成左弓步；随转体右手持剑回撤于右肩旁，剑身平立，剑尖向后；左手剑指合按于右腕处；眼随剑势，面向东，目视剑尖前方（图9–79）。

要点：转身弓步与向上格剑要协调一致。气要把定，凝神待动。

图9–79

26. 青龙显爪

（1）上动不停，右脚向前上半步，接着重心后移，右腿屈坐，左腿收回点于右脚前，成左虚步；同时，剑自右肩向前劈出后翻腕回收，抱于胸前，剑身平，剑尖斜向正前方；左手剑指随势按于右腕内侧；眼随剑势，目视剑尖前方，面向东（图9–80、图9–81）

（2）左脚抬起略向前进步屈膝，右脚提起扣于左膝窝处；同时，右手剑随身起，向喉部刺去；左手剑指随势动置于胸前剑柄上；眼随剑势目视剑尖前方，面向东（图9–82）。

要点：屈坐抱剑，右实左虚要分明，要中正安舒凝神敛气，静中求动。上步、盘腿与刺剑要贯穿一气，上体保持端正自然。

图 9-80

图 9-81

图 9-82

27. 迎风掸尘

（1）向左转体，剑随身动向左封挂，剑身竖立，剑尖向上。接着，右转身 90°，右脚上步，左脚跟进，虚点于右脚跟处；同时，右手剑向前劈出，剑指随剑的动作按于右腕处；眼随剑势，目视前方，面向东（图 9-83、图 9-84）。

图 9–83

图 9–84

（2）身体向右略含，接着向左转体 90°，以右脚跟为轴拧转，左脚相随虚点于右脚跟处，剑随身转，转腕向右后竖直斜格。然后左脚前跨一步，右脚跟进，虚点于左脚跟处；右手持剑抖腕向前斜竖推抹，尾骨有前翻之意；左手剑指随势按于右腕处；眼随剑势，目视前方。面向东北（图 9–85—图 9–87）。

图 9–85

图 9–86

图 9–87

要点：左、右挂剑，步法要轻灵，要以身带剑，身剑合一，使剑运行连贯圆活，左、右转换，以腰为轴，提领身体，中正自然。

28. 霸王提鞭

身体微向右转，右脚后退一步，微屈膝落实，左膝微外展提起脚尖自然下垂，成独立势；同时，右手持剑向右上提带，剑尖斜指前下方；左手剑指屈臂前指；目视前方（图 9–88）。

要点：提膝与提剑要协调一致，左膝关节外展，右膝微屈，含胸蓄势。

29. 顺水推舟

左脚前落一步成左弓步；上体左前倾，右手持剑随身动向前下探刺，剑指仍前指；目视剑尖前方（图 9–89）。

要点：动作舒展，弓步与探刺协调一致，身体前挤后撑，力达剑尖。

图 9–88

图 9–89

30. 力劈华山

向后转体 180°成右弓步；同时，右手持剑向右后平劈，剑平置于右膝前上方，剑尖朝正前方；左手剑指置于头上方；目视前方（图 9-90）。

要点：以身带动剑势，松肩沉腕，顶头拔背，劲贯剑之前刃。

31. 天马飞报

身体左后转，左脚向左前方上一小步，屈膝下蹲，再上右脚至左脚内侧虚点，成右丁步；同时，右手持剑由下往上、再向前下劈；左手剑指合于右臂内侧；目视前方，面向东南（图 9-91）。

图 9-90

图 9-91

要点：上右步与劈剑要协调一致，上体不可前倾；劈剑时要敛臂、松肩、沉腕，连贯自然，力达剑尖。

32. 挑帘式

右脚向右经仆步下势，而后重心移于右腿，左脚提起成独立势；同时，剑随身势，由下往上挑起，剑举于头之右上方，剑尖向正前方；剑指随剑势前指，目视前方（图 9-92、图 9-93）。

图 9-92

图 9-93

要点：提膝与剑上挑协调一致，膝高过腰脚护裆前。

33. 左、右车轮

（1）左脚尖外撇下落、踏实，同时向左转体成歇步；使剑自上往下经左腿前往左挂。接着右脚向左前方上一步，成右弓步；同时，右手持剑由左下向上划弧再向右前劈去；左手剑指随剑势，在上右步前劈时，向右上展开；目视前方（图 9-94、图9-95）。

（2）右脚提起落地，脚尖向外撇；顺势将剑向左翻压，剑尖向下，而后向上、向右后下方刺剑；左手剑指随势按于右腕上后，旋即向左胸前屈臂亮指；目视后下方(图 9-96、图9-97)。

图 9-94

图 9-95

图 9-96

图 9-97

要点：左、右挂剑，成立圆贴近身体，连贯圆活，顺达自然。

34. 燕子衔泥

左脚向前一步落实，右脚跟进点于左脚后，成右丁步；同时，剑势不停，剑自后方由下经上往前下方劈；左手剑指随剑势合按于右腕处；目视剑尖(图 9–98)。

要点：左脚上步与右脚跟进劈剑要束肋竖尾，气沉丹田，抖腕沉气，力贯剑尖。

图 9–98

35. 大鹏展翅

右脚抬起，以左脚跟为轴向右后转体，左腿蹬伸，成右弓步；同时，剑随身势，向右后平削；左手剑指向后展开，臂拧转，虎口向下。剑指指向身后；眼随剑势，目视前方，面向东（图 9–99、图 9–100）。

图 9–99

图 9–100

要点：削剑时要与转腰、弓步协调一致，以腰带臂，剑指与剑势前后展开，劲贯剑刃前端，上体中正，神态自然。

36. 海底捞月

提左膝，成右独立势，然后自左向后转体，左脚仆步下势，随即右脚抬起，向前上步成右弓步；同时，剑随身势下落，向前上方撩出，剑外刃向前，意在外刃；左手剑指落于身体左后侧；目视剑尖。（图 9-101—图 9-103）。

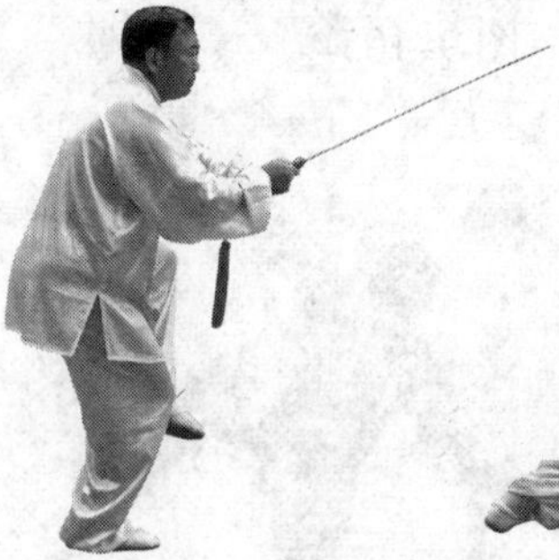

图 9-101

图 9-102

图 9-103

37. 宿鸟投林

身体左后转，右脚向后收点于左脚前，左腿屈膝塌腰坐实；同时，右手沉腕将剑崩起，剑尖向上，竖于胸前；左手剑指由后向前合按于右腕之上；目视前方（图 9-104）。

要点：撤步与转腕崩剑要协调一致，劲贯剑锋。

38. 夜叉探海

左脚蹬地，右腿前跨一步踏实，身随势起，左膝提起悬于左后方；同时，剑随身势前探向前下方刺；左手剑指向上翻起置于头上方；目视剑尖，面侧向西（图 9-105）。

图 9-104

图 9-105

要点：提膝与上前探刺剑协调一致，蹬腿发力，快速敏捷，劲贯剑尖。

39. 犀牛望月

左脚下落向前迈出一步，成左弓步；同时，右手持剑随转体屈臂收至右肩前，剑尖斜向后上方；左手剑指下落自身前从右至左划一立圆置于右腕前侧；向后甩头，目视后方（图 9-106）。

40. 射雁式

重心移于右腿，左脚收回点于右脚前，成左虚步；同时，剑向上抬起再向下劈去，剑尖斜指地面；左手剑指随剑前劈回抽之时向前指；目视前方，面向东（图 9–107）。

图 9–106

图 9–107

41. 童子拜观音

左脚向前跨跳一步，后腿跟随，身体下落屈膝盘坐，成坐盘步；同时，剑向前上方斜刺，剑柄置于胸前，剑尖斜指前上方；左手剑指落按于右腕内侧；眼神随剑向前看去，面向东(图 9–108)。

要点：向前纵步、坐盘刺剑要协调自然，周身一气，上体端正，神贯于顶，力达剑尖。

图 9–108

42. 凤凰展翅

左腿蹬伸踏实，右脚扣于左膝窝处；剑平持于腹前。然后上体右转 90°，右脚向右前迈一步，屈膝弓出；剑随身动，以阳剑自腹前向右上方展开削抹；左手剑指，手心向下，向左下方展开；目视前方，面侧向西（图 9–109、图 9–110）。

图 9–109

图 9–110

要点：同 12 凤凰展翅。

43. 左右挎篮式

（1）身体稍向左转（面向南），右脚回抽于左脚前，成右虚步；剑随身上撩（图 9–111）。

（2）右脚上步，向右后转体成坐盘步，右手持剑顺势向右后下劈。紧接着上左步，身体左转；剑自右后向左前上撩出（图 9–112—图 9–114）。

（3）接上势，身体屈膝下蹲成坐盘步，随即右脚向前、外撇，左脚再上步虚点于右脚前，成左虚步；剑随坐盘步先下落于体前，再随左脚上步上撩于右额前方。（图 9–115、图 9–116）。

图 9-111

图 9-112

图 9-113

图 9-114

图 9-115

图 9-116

要点： 左盘右旋，以腰为轴，身剑合一，活泼无拘，松肩活腕，剑要灵活运转。

44. 射雁式

两脚仍为左虚步，身体略下沉；同时，剑回抽下劈，剑柄置于右胯前，剑尖斜指向前下方；左手剑指下落前指，高与胸平；目视前方，面向西（图 9-117）。

图 9-117

要点： 同 41. 射雁式。

45. 白猿献果

左脚向前方上一步，成左弓步；同时，松肩、坠肘、坐腕，以阳剑将剑自下向上穿刺；左手剑指落按于右腕内侧。接着右脚提起，脚面贴于左膝窝处；掌腕下沉，剑尖向上崩起成立剑；目视剑尖，面向西（图 9-118、图 9-119）。

图 9-118

图 9-119

要点：向上崩刺时，敛臂沉腕，一气贯穿，剑尖有后挑之意。

46. 左、右散花式

(1) 右脚后退一步成右弓步，身体略往左含；同时，剑往左绕，变阴剑平胸部往右后平带；左手剑指按于右前臂处；目视左方，面向西北（图 9–120）。

(2) 提左脚往后退一步，身势略下蹲；同时剑向右绕变阳剑平腰部向左平拉带；左手剑指随势左上翻起，置于左上方；目视前方，面向西南（图 9–121）。

图 9–120

图 9–121

(3) 提右脚后退一步，屈膝下蹲，左脚回撤虚点于右脚内侧；同时，剑向左绕变阴剑，平胯部向右后平拉后，剑尖挑起，剑柄置于头右前方；左手剑指随之附于右臂内侧；目视前方，面向西北（图 9–122、图 9–123）。

要点：左、右运剑与退步转体要协调一致。

图 9–122

图 9–123

47. 玉女穿梭

左脚向左后方跳步，转体 180°，成左弓步；剑随身势拧转，立剑向左下方刺去；左手剑指随剑势向左上划弧，置于左额前上方；目视前方，面向东南（图 9–124）。

图 9–124

要点：转身时要平稳自然，不可低头弯腰；弓步与刺剑要协调一致。

48. 猛虎摆尾

向右转体，提右脚向右出一步，脚尖外摆成剪刀步；在提右脚的同时，剑尖下垂，经膝前向右身后格封，变为阳剑，以腕力将剑尖崩起，剑身直立，剑柄下坐；左手剑指随剑崩起向左前指出；眼随剑势，目视剑尖，面侧向西（图 9-125、图 9-126）。

图 9-125

图 9-126

要点：提膝挂剑，要协调贯穿，上体沉坐与崩剑要协调一致，劲贯剑刃前端。

49. 虎抱头

图 9-127

左脚上前一步踏实，右脚屈膝点沉于左脚跟处；同时，右手翻腕向前劈剑，立剑平伸，剑柄置胸前；左手剑指随合于右手腕处；目视前方，面向西（图 9-127）。

要点：身起、跨步、敛臀、劈剑要一气呵成。

50. 鱼跳龙门

图 9-128

（1）右脚向正前方跨出一步，屈膝踏实，左脚尖点于右脚跟处；同时，右手持剑向右上格挂后，向前劈剑；左手剑指按于右腕处；目视剑尖前方，面向西（图 9-128）。

（2）左脚上前屈膝踏实，右脚点于左脚跟处；同时，右手剑上崩，剑尖向后上方；剑指置于右腕下；目视前方（图 9-129）。

（3）右脚向前跨出一步，屈膝踏实，左脚点于右脚跟处；同时右手持剑向前劈剑，沉腕，意向剑尖；左手剑指按于右手腕处；目视前方（图 9-130）。

图 9-129

图 9-130

要点：跨跳劈剑衔接紧凑，势势相承，抖腕发剑，力沉劲整，力透剑尖。

51. 乌龙绞柱

（1）向左转体，剑向左绕，上右步，紧接着左脚向前上步虚点于右脚前，此时，剑随身动，向右上提拉，置于右额上方，剑指前指；目视前方，面向西侧。（图 9–131、图 9–132）。

图 9–131

图 9–132

（2）左脚向左前一步弓出，身体向右转，右手持剑随转身向右后甩头。随即右脚再向前一步，成右弓步，剑势不停，经下往上向前反撩；左手剑指向左前上方划弧并向后展开；目视前方，面向西。（图 9–133）

要点：左右转体运剑时上下相随，左右相顾，弓步、撩剑与剑指展开要协调一致。

图 9-133

52. 朝天一炷香

松腰沉胯，实腹敛气，右脚蹬劲；剑势不停，沉腕将剑竖直崩起，剑为中阳；左手剑指随剑势由后向前按于右腕上；目视前方（图 9-134）。

图 9-134

53. 风扫梅花

（1）右脚尖里扣蹬伸，左脚尖外摆，重心左移，成马步；同时，两手持剑，剑身不动，靠转体将剑由右向左后方挂去，立于左胸前；左手剑指仍按于右腕之上；目视前方，面向东南（图 9-135）。

图 9-135

（2）向右转体，左脚抬起，以右脚掌为轴，旋转 360°，随即左脚落地踏实，右腿向前一步，屈膝弓出；右手剑随身动扫转一圈后，自腰间翻腕以阳剑向前平伸刺去，左手剑诀自左向后挽翻，手心向上、向前指出、附于右腕内侧；目视前方，面向南。（图9-136—图 9-139）

图 9-136

图 9-137

图 9-138

图 9-139

54. 牙笏式

图 9-140

左脚上前一步虚点于右脚前；同时将剑收回，剑前端向身体倾斜，左手接剑以食指、中指掐住剑柄，拇指扣剑格，右手扣抱剑柄之上；目视正前方（图 9-140）。

要点：左手接剑与上左步虚点要协调一致，抱剑时，沉胯蓄劲，精神贯注，静以待动。

55. 抱元归一

（1）右脚向前一步与左脚并齐；同时，左手持剑挽翻于身后，剑尖向上，剑身直平贴于左臂；右手掐剑指由胸前划圆向前方指出；目视前方（图 9-141、图 9-142）。

图 9-141

图 9-142

⑵ 右脚后退一步，左手持剑，右手剑指由两侧弧形向上合抱于胸前，左手持剑在下，右手剑指附于左腕部。左脚退步与右脚站齐，两腿蹬伸，两手徐徐向两侧分，两臂下沉圆撑，合太极势；目平视前方（图 9–143—图 146）。

图 9–143

图 9–144

图 9–145

图 9–146

要点：收势动作要连贯、圆活、松稳慢匀，最后成并步自然站时，全身放松。深呼气，神气归元。

第十章　武式太极三十六棍

一、武式太极三十六棍概述

太极棍是已故当代太极名家、技击家、先师陈固安先生，在太极十三杆的基础上，在太极拳理论指导下，经多年研究，潜心演习精心组创而成，1985 年著《太极棍》一书出版，深受国内处太极拳爱好者欢迎。

太极拳的基本原则就是太极棍法的基本原则，在练习之中呈现缓慢轻柔、圆活匀称之态。既然是棍，自有其独特风格。在演练和应用时要求灵敏神速，雄浑强劲，刚柔相济，沾连缠绕，化发相随，变幻莫测，真可谓："摇动风车大旋转，前后左右都是棍，恰是疾风扫残云，酷似疾风扫落叶。"将练用二者结合起来而言，正是拳论所谓"运劲如抽丝，发劲如放箭"。

这套棍只有三十六式，包括二十四种棍法，即崩、劈、挑、砸、拨、扫、抄、挂、撩、刷、缠、粘、点、绞、捋、挎、挫、晃、云、盖、封、闭、撑、架，而且每一式都有口诀。青年人练此棍术，可以刚为主，刚柔相济，提高速度，增强体力；老年人练棍术，则以柔为主，练意练神，陶冶情操，祛病延年。

二、武式太极三十六棍棍式名称

预备式

1. 金鸡独立
2. 金童摇圈
3. 白云盖顶
4. 拨云望日
5. 五花棍
6. 枯树盘根
7. 大鹏展翅
8. 乌龙摆尾
9. 风扫梅花
10. 劈山棍
11. 白鹤起舞
12. 野马分鬃
13. 紫燕望月
14. 白蟒翻身
15. 五行棍
16. 二龙戏珠
17. 狮子摇头
18. 白猿献果
19. 左右车轮
20. 豹子跳涧
21. 左右拦扫
22. 猛虎绞尾
23. 流星赶月
24. 童子拜佛
25. 泰山压顶
26. 指裆撩阴
27. 拨草寻蛇
28. 灵猫捕鼠
29. 抄点斜劈
30. 宿鸟投林
31. 鱼跳龙门
32. 太公钓鱼
33. 定海神针
34. 射雁势
35. 转身竖旗
36. 苍龙归海

收势

三、武式太极三十六棍棍式图解

预备式

两脚自然开立，身体直立；左手自然下垂，指尖向下；右臂微屈，右手握棍后端，手心向上，手后余一把长，棍前端在前下方触地；目向前平视（图 10–1）。

图 10–1

1. 金鸡独立

右手握棍向右上提，右臂屈肘，手心向下，左手接棍，向左上方斜挑，左臂微屈，手心向上。紧接着身体微左转，棍头自前向后在身体左侧划立圆，双手握棍，棍头向前，高与肩平；左腿屈膝提起，脚尖内扣护裆，成独立势；目向前平视（图 10–2—图 10–7）。

图 10–2

图 10–3

图 10–4

图 10-5

图 10-6

图 10-7

2. 金童摇圈

（1）下肢不动，右手滑推棍右端向正前方横击，棍左端贴于左肩外侧，两手心相对，右手在前，左手在后；目视棍前端（图 10-8、图 10-9）

图 10-8

图 10-9

图 10–10

（2）左脚向左前下落成左弓步；右手握棍使棍右端向右后下方滑拨，右臂微屈；左手握棍，左臂屈肘停于胸前；目视棍右端（图 10–10）。

（3）右脚向右前上步，接着，左脚向右脚靠拢成并步；右手握棍使棍右端向前上逆时针划圆，左手握棍使棍左端向前下方顺时针划圆。两手划圆后，使棍身横平于胸前，右臂屈肘，右手心向下握棍，左臂微屈，左手心向下握棍；目视棍左端（图 10–11、图 10–12）。

图 10–11

图 10–12

3. 白云盖顶

左脚向左跨半步，身体向左转，左腿微屈半蹲，右脚立即跟上，停于左脚前，脚尖点地，重心在右腿；左脚跨步的同时右手握棍，从右侧经上向前方盖打；左手换把与右手成对把握停于右腋下；目视棍前端（图 10–13）。

图 10–13

4. 拨云望日

⑴ 右手滑握至棍前端，右臂屈肘回拉，左手向前下方撩棍；右脚向后撤屈膝踏稳，左脚后收点于右脚前；目视棍前端（图 10–14）。

⑵ 左手滑握至棍前端，左臂屈肘回拉，右手握棍向前下方撩棍；重心后移，右腿微屈，左脚于右脚前以脚尖点地成左虚步；目视棍前端（图 10–15）。

⑶ 右手握棍向右上方拨棍，使棍前端停于头部右侧前上方，右手与肩同高，手心向左；左手握棍顺势向下，手心向右停于胯左侧；同时，左脚向后撤半步，重心后移，左腿微屈，右脚尖于左脚前以脚尖点地成右虚步；目视棍前端（图 10–16）。

图 10–14

图 10–15

图 10–16

5. 五花棍

（1）左手握棍使棍端由后向上向前方盖砸；右手握棍顺势向下，手心向左停于胯右侧；同时，右脚微向前移，全脚掌着地，右腿微屈，重心移至右腿，左脚随即前移至右脚前，脚尖点地成左虚步（图 10–17）。

（2）左脚向前跨一步，左腿屈成左弓步；同时，右手握棍向前劈盖，虎口向后，手心向下；左手握棍停于右腋下，手心向上；目视棍前端（图 10–18）。

图 10–17

图 10–18

（3）重心后移，身体向右转，两腿屈膝成马步；同时，左手握棍使棍后端向左侧上挑，左臂屈肘，手心向下；右手握棍使棍前端顺势向上、向右回拉，停于右肩前，右臂屈肘，手心向下；目视棍左端（图 10–19）。

（4）重心左移，身体向左转 180°，右脚和左腿腘部靠贴后，向右迈一步，右腿伸直，左腿屈膝成左侧弓步，上体微向左拧转；同时，右手握棍经上向左前下方砸，使棍端触地；左手握棍顺势下移，停于腰左侧；目视棍前端（图 10–20、图 10–21）

（5）右手握棍，使棍右端在身体右侧顺时针缠绞一圈半后停于右前上方；同时，身体向右转，左腿仍屈膝，右脚收至左脚前方，脚尖点地成右虚步；目视棍右端（图 10–22—图 10–24）。

图 10–19

图 10–20

图 10–21

图 10–22

图 10-23

图 10-24

6. 枯树盘根

(1) 右脚前移落实，左腿屈膝抬起；同时，右手持棍向前劈出，左手在头左上方展出（图 10-25）。紧接着左脚落地，右脚撤回，脚尖外展；右手滑握至棍前端，屈臂回拉至腰右侧；左手握棍向右下方转扫，使棍端在前下方触地，左臂伸直；目视棍前端（图 10-26、图 10-27）。

图 10-25

图 10-26

图 10-27

（2）身体向右后转 180°，右腿提起经左腿后向右伸直仆地，左腿屈膝全蹲成仆步；转体同时，右手握棍向右后横扫 270°，手心向下；左手向左划弧，屈臂横掌停于头左前上方；头向右转，目视棍右端（图 10–28、图 10–29）。

图 10–28

图 10–29

7. 大鹏展翅

（1）左腿由全蹲成屈膝半蹲，右脚向左移步，身体重心偏于左腿。右手握棍由右向后过头顶，再向右前方抡棍；左手随势稍动后仍停于头左上方；目视棍右端（图 10–30、图 10–31）

图 10–30

图 10–31

（2）左脚踏跳，身体向左后转 360°，落地后成马步；跳转同时，右手握棍使棍前端向下、向左，随转体，使棍前端向上、向右侧劈下，两臂侧平举，右手握棍的另一端，棍的前端略高于头；目视棍前端（图 10–32）。

图 10–32

8. 乌龙摆尾

（1）右臂屈肘，右手握棍变虎口向下，使棍前端向下经体前向左，然后经上向右云棍一周；云棍同时，体向右转，右脚左移，两腿微屈成右虚步；左掌向右摆成立掌停于右肘内侧；目视棍前端。（图 10–33）

图 10–33

（2）上动不停。右手握棍，使棍向下经右腿外侧向后、向上、再向前云一周，右脚外撇，左手接棍（图 10–34）。

(3) 右脚蹬地跳起，身体向右后转（大于 180°），跳转后，两腿屈膝成马步；跳转同时，右手握棍向右后拨，使棍身贴于背后，右臂侧平伸；左手离棍，左臂微屈肘，左掌停于头左上方，掌指向右，掌心向前上方；目视右方（图 10-35）。

图 10-34

图 10-35

9. 风扫梅花

(1) 右手握棍变虎口向下提棍，右臂屈肘左移，使棍左端向下、向右移，当将棍斜提至胸前时，左手虎口向下，手心向外与右手成反把握棍。随即右手握棍上提，左手向左后拨，使棍从头和左肩侧绕过，棍身斜贴于背后，右臂屈肘，左臂微直；提拨棍的同时，身体微左转，右腿直立，左腿屈膝提起；目视前方（图 10-36）。

(2) 右脚跳起，左脚随即落地为轴，右手握棍向左后转扫一周；同时，右腿伸直也随之转扫一周；转扫后，左腿屈膝全蹲，右腿伸直仆地成右仆步；与右手成顺把握棍；左手后展；目视棍前端（图 10-37）。

图 10-36

图 10-37

10. 劈山棍

（1）左腿伸直，右腿屈膝提起；左手换至右手前握棍；目视前下方。（图 10-38）

图 10-38

（2）左脚蹬地跳起，右脚随即落地，右腿屈膝全蹲，左腿向左伸直，成左仆步；双手握棍向下摔砸，左手心向下盖压棍；目视棍前端（图 10-39、图 10-40）。

图 10–39

图 10–40

11. 白鹤起舞

（1）右腿伸直，重心前移，左腿屈膝，成左弓步；随身体重心前起，右手将棍抛向空中，左臂后伸，右臂向前上伸准备接棍（图 10–41）。

图 10–41

（2）右手握棍使棍端在身体右侧顺时针划圆 540°（即一周半）向前下点，左手成掌经身体左侧立于右腕左侧，掌心向右前；划圆点棍的同时，重心后移至左腿，左腿屈膝，右脚收至左脚前，脚尖点地成右虚步；目视棍前端（图 10-42）。

图 10-42

12. 野马分鬃

(1) 右手握棍，右臂屈肘向左上引，继而腕部用力使棍端在身体左侧逆时针贴身划一立圆后，右手握棍停于头右侧上方，右臂微屈，虎口朝前，右手心向右上方；左掌随右手移动，最后停于右肩前，掌心向右，掌指向上；上体微向右拧；当右手握棍向左上引时，右脚前移踏实，左脚移至右脚前，脚尖点地，两腿微屈；目视棍端（图 10-43、图 10-44）。

图 10-43

图 10-44

(2) 右手握棍，右臂屈肘向右下移，以腕部力量使棍前端在身体右侧逆时针贴身划一立圆后，右手握棍停于身体左侧，虎口向前，手心向上；上体微向左拧转；左手护于右腕；当右手握棍向右下移时，左脚向前移动踏实，右脚跟进，脚跟提起；目视前下方（图 10–45）。

图 10–45

13. 紫燕望月

紧接上动。右手握棍，使棍端向左、向下继续划圆，然后右手反臂向右撩棍，手心向上，虎口向前；左臂微屈，左掌停于额前，掌心向前，掌指向右上；撩棍的同时左脚前移，右脚向左前上一步，落地前左脚踏跳，左腿屈膝后撩，停于右腿后，左脚掌向上，上体向左前倾，右腿微屈；目视棍右端(图 10–46)。

图 10–46

14. 白蟒翻身

⑴ 右腿伸直，左腿屈膝提起；右手握棍，右前臂外旋；左手握棍的近端，与右手成顺把握棍（左手握棍后，右手向前滑移，握棍的中段）；目视棍前端（图 10–47）。

⑵ 左脚向左下落并踏跳，身体向左后转 360°，右脚前落，右腿屈膝，左脚后撤，左腿伸直成右弓步；踏跳转体的同时，双手握棍，使棍向下经右腿向上再向前抡劈，右手向后滑，与左手靠近；目视棍前端。（图 10–48—图 10–50）

图 10–47

图 10–48

图 10–49

图 10–50

15. 五行棍

(1) 右脚后撤一步成左侧弓步；右手变成与左手对把握棍，右手滑握至棍中段后，用力将棍前端向右上方拨；目视棍前端（图 10–51）。

(2) 重心右移，右腿屈膝成右侧弓步，身体微向右拧转；左手握棍，使棍左端向上再向前下刷；右手握棍右端，停于腰右侧；目视棍前下端（图 10–52）。

图 10–51

图 10–52

(3) 身体微向左转，左脚移至右脚前成左虚步；左手滑握至棍中段后向左上挂棍；目视棍左端（图 10–53）。

(4) 左脚落实，右脚贴于左腿膝弯处，随即右腿向右斜前方上步，身体左转成左弓步；右手握棍，使棍右端向上再向前下砸；左手握棍使左段停于左腋下；目视棍前下端（图 10–54、图 10–55）。

(5) 身体不动，棍向上崩起，紧接着右脚向左后方掏步下蹲；同时棍自右向下、向上划圆，再向右上方崩起，棍端高于头顶；目视棍前端（图 10–56、图 10–57）。

图 10–53

图 10–54

图 10–55

图 10–56

图 10–57

16. 二龙戏珠

（1）右手向棍前端滑握，左手向棍中段滑握。左手握棍向前横击，右手握棍屈臂回拉，停于腹前；同时，身体向右转，

两腿屈膝成马步；目视棍前端（图 10-58）

（2）左手向棍左端滑握，右手向棍中段滑握。右手握棍向前横击，左手握棍屈臂回拉停于腹前；同时，身体向左转，右脚前上一步，两腿屈膝成马步；目视棍右端（图 10-59）。

图 10-58

图 10-59

17. 狮子摇头

（1）左手握棍在胸前，右手握棍使棍右端顺时针划圆一周半；同时，右脚蹬地，身体向左转，左膝前弓，成左弓步（图 10-60、图 10-61）

图 10-60

图 10-61

(2) 上动不停。左脚蹬地，右脚向前跳出，落地后左脚向前一步成左弓步。右手握棍继续划圆半周，使棍右端停于右下方；目视棍右端（图 10-62—图 10-66）。

图 10-62

图 10-63

图 10-64

图 10-65

图 10-66

18. 白猿摘果

右腿支撑，左脚蹬地，左腿屈膝提起，展胯，身体猛向右侧倾；右手握棍使棍左端向右上方猛砸；左手离棍变掌，向左上划弧，停于头左上方，掌心向右；目视棍右端（图 10-67）。

图 10-67

19. 左右车轮

（1）左脚下落于右脚左侧，身体向右转。右手握棍，手心向上，虎口向右，使棍前端向下经身体右侧向后划弧；左掌立于左胯前，掌心向右；目视右下方。上动不停。右手握棍使棍右端继续由后向上划弧，当棍端行至右上方时，右臂内旋，身体向左转，将棍夹于右腋下；左臂垂于体侧，手心向后（图 10-68—图 10-70）。

图 10-68

⑵ 右手握棍，使棍由腋下向下、向左、向上、再向前划圆；同时，身体向左转，左臂仍垂于身体左侧；目视棍端（图10–71）。

⑶ 上动不停，身体向右转；右手握棍变旋转一周，虎口向前，手心向上；左手心托于右手下准备换手接棍；目视左前下方（图 10–72）。

图 10–69

图 10–70

图 10–71

图 10–72

按：此式可以左右手交替练习，练法相同，唯左右相反（图 10-73—图 10-78）。

图 10-73

图 10-74

图 10-75

图 10-76

图 10-77

图 10-78

20. 豹子跳涧

(1) 左手握棍中段，两手成对把握棍。右手使棍右端向上、向左划半圆，左手使棍左端向下、向右划半圆，两臂交叉；右脚向左腿后插步（但未下落）；目视左下方（图 10-79）。

(2) 右脚下落，右腿屈膝，身体向右转 180°，左脚向后撤步，前脚掌着地；双手握棍，右手用力，使棍右端向右后下划圆，左手离棍变掌架于额前上方，拇指在下，右手握棍使棍身贴于背后，棍左端斜出左肩；目视右方（图 10-80）。

图 10-79

图 10-80

21. 左右拦扫

(1) 左手向右腋下去，与右手成顺把握棍。右臂抬起使棍右端在上；左手握棍向棍中段滑移，使棍左端向下经腿后向右，继而经腿前向左、向后划弧，使棍右上左下斜背于背后；同时，上体左转，左腿屈膝抬起；目视前下方（图 10-81）

(2) 右脚踏跳离地，左脚随即下落，左腿屈膝下蹲，右腿前伸成右仆步；同时，右手握棍使棍经右方向左下方扫，紧接着再向右拦扫，棍左端停于右脚的右方；左臂侧伸平举，左手立掌，掌心向左；目视右下方（图10–82）。

图 10–81

（3）身体起立，右脚向左脚前迈步，左腿屈膝半蹲，右脚尖点地成右虚步；同时，右手握棍使棍左端向右后平甩，右臂屈肘，棍身平停于右肩外侧；左掌随甩棍向前摆成立掌，掌心向前下；目视前方(图 10–83)。

图 10–82

图 10–83

（4）右臂抬起，右手握棍，使棍后端向下，棍身向左至胸前，左手扶棍。左脚踏跳，右脚离地，身体向右后跳转360°，两脚屈膝成马步；同时，右手握棍向右平抡（中棍），两臂成侧平举，左立掌掌心向左；目视右方（图 10–84、图10–85）。

图 10-84

图 10-85

(5) 马步不动。右臂抬起，右手握棍缠头，使棍前端经前向左绕头一周半，右臂屈肘使棍身横于头上；左掌停于右腕处，掌心向右；目视左方（图 10-86—图 10-88）。

图 10-86

图 10-87

图 10-88

（6）上动不停。右手握棍继续抡棍一周，当棍至右前方时，左手握右手后（顺把握），双手握棍向前方斜击；抡击棍的同时，身体向右转成右弓步；目视前方。（图 10-89、图 10-90）。

图 10-89

图 10-90

22. 猛虎绞尾

（1）双手握棍使棍前端向左、向后再向右下抡；同时，身体向左转成左侧弓步；目视右下方。

（2）上动不停。左脚蹬跳，右脚离地，身体向左后跳转180°成右弓步；同时，双手握棍使棍随转体抡劈，两臂微屈，棍前端高于头；目视前方（图 10-91）。

图 10-91

23. 流星赶月

右脚后撤一步，身体向右后转 180°成右弓步；转体同时，右手握棍使棍前端向后劈，棍斜立于身体；左手向后自然舒展（图 10–92）。

图 10–92

24. 童子拜佛

（1）右脚微向后撤，两腿微屈；右手握棍，右臂微屈，使棍前端向右后划弧；左臂屈肘，左掌立于右前臂内侧；头向右转，目视棍后端。

（2）右脚向后撤步，左腿屈膝提起；同时，左手与右手成对握棍，使棍后端向上、向前下划弧，最后使棍后上前下斜举托于体前；目视前方（图 10–93）。

图 10–93

25. 泰山压顶

图 10-94

左脚向前落地成左弓步；右手握棍向前盖打，左手握棍置于右腋下，棍前端稍高于头部；目视棍前端（图 10-94）。

26. 指裆撩阴

（1）重心后移，两脚成马步；右手握棍屈臂回拉使棍前端向上、向后划弧；左手握棍直臂前伸使棍后端向下、向前划弧；目视前下方（图 10-95）。

（2）右脚向前上步成右虚步；右手向棍中段滑握，左手向棍左端滑握。右手握棍使棍右端向前下方撩；左手握棍屈臂回拉；目视前下方（图 10-96）。

图 10-95

图 10-96

27. 拨草寻蛇

(1) 右脚向后撤一大步成左侧弓步；右手握棍使棍前端向右后下斜拨；目视棍右端（图 10–97、图 10–98）。

图 10–97

图 10–98

(2) 重心移于右腿，左脚虚点成左虚步，紧接着左脚向后跳步，成右弓步；同时，左手握棍使棍左端向左前下方拨；右手握棍屈臂使棍右端夹于右腋下；目视左下方。（图 10–99—图 10–101）。

图 10–99

图 10–100

图 10–101

(3) 身体向左转，左腿屈膝，右脚虚点成右虚步；同时，左手握棍使棍左端向左下斜拨；右手握棍，右臂屈肘收于右腹前；目视左下方（图 10–102）。

(4) 右脚后撤一步，成交叉步；同时，左手向左端滑握，并屈臂回拉；右手向棍中段滑握，使棍右端向左下方横拨；目视右下方（图 10–103）。

图 10–102

图 10–103

(5) 右脚向左腿后方插步，两腿屈膝下蹲成歇步；同时，右手向棍右端滑握；左手离棍，右手握棍使棍左端向前方劈砸，棍端低于膝部，左掌向左划弧停于头前上方，拇指在下；目视前下方（图 10–104）。

图 10–104

28. 灵猫捕鼠

（1）身体起立，重心移于右腿，成左虚步；同时左手握棍中段（两手成顺把握棍）；右手握棍稍向上提，随即向下猛按，使棍前端向上崩；目视棍前端（图 10–105）。

（2）左脚向前移步，右脚紧跟着上步停于左脚内侧，脚尖点地；右手握棍向前猛点，左手滑至右手前；目视前方（图 10–106）。

图 10–105

图 10–106

29. 抄点斜劈

（1）左腿屈膝，右腿自后向前扫出；同时，右手握棍向后方抽拉，左手滑握至棍前端，左臂屈肘回拉，随即右手移至棍中端，使棍后端向右下方抄；目视右下方（图 10–107）。

（2）重心右移，右腿屈膝，左脚贴扣于右腿腘部；同时右手向棍右端滑握，使棍左端向右方反点；左手离棍变掌向左划弧停于头前上方，拇指在下；上体向右侧倾斜；目视棍前端（图 10–109）。

图 10–107

图 10–108

图 10–109

（3）左脚向左后方落地，身体向左转，右腿屈膝蹬伸，成左弓步；左手下落于右手后握棍，与右手成顺把握棍，右手向棍中段滑握；目视右下方（图 10–110）。

（4）左脚踏跳，右脚落地，身体向左后转体 180°，左脚向后撤步成右弓步；跳转同时，双手握棍使棍前端向下经身体右侧向上、向前劈棍；目视前方（图 10–111）。

图 10-110

图 10-111

30. 宿鸟投林

右手前移握棍，使棍前端向右上方后挂；左手握棍将棍后端向左大腿前方稍推；同时，左腿屈膝，右脚移至左脚前成右虚步；胸部微向含；目视棍右端（图 10-112）。

图 10-112

31. 鱼跳龙门

（1）虚步不动；双手握棍，右手使棍右端划大弧一周半，停于前下方；目视前下方。

（2）右脚微向前移，身体向左后转；右脚踏跳，左腿屈膝提起；双手握棍使前端由前下经右腿外侧随转体划弧。

（3）上动不停，身体继续向左转，左脚落地，右脚向前上步成右弓步；同时，双手握棍使棍由右向左侧（转成弓步后是前方）抡臂；目视棍前端（图 10–113）。

（4）上动不停，双手握棍自右向下、向上划一立圆；同时左腿屈膝，右脚收回虚点，成右虚步（图 10–114）。

图 10–113

图 10–114

注：该式（2）（3）两动要连贯，踏跳转体 360°。

32. 太公钓鱼

（1）右脚后撤一步，身体向右转，右腿屈膝成右侧弓步；右手握棍，右臂屈肘上提，右手心向上，使棍身横于头前上方；左手离棍变掌，左臂向左侧平举，用前臂托住棍中段，左立掌掌心向左前；目视左方（图 10–115）。

（2）左脚向右收移，体向右后转 180°，两腿屈膝向下成歇步；同时，右手握棍保持方向不变，随屈膝下蹲，右臂屈肘向下，右手心向后停于左腋前；左臂屈肘，左手按于右手上方；目视棍前端（图 10–116）。

（3）身体起立，右脚向右跳落，右腿伸直，左腿屈膝提起；同时，右手握棍向右侧平推点击，右臂侧平举；左掌向左侧摆成立掌，掌心向左前方，左臂侧平举；目视右方（图 10-117）。

图 10-115

图 10-116

图 10-117

33. 定海神针

（1）左脚向左下落，身体向右转，右脚后撤一步；右手握棍，右臂微屈肘，使棍前端向下经身体右侧向后上划弧，棍身横于右肩外侧；左掌按于左胯处；目视右方（图 10-118、图

10–119)。

(2) 右腿支撑，左腿屈膝提起；同时，右手握棍使棍端向上、向前下划弧；左手握棍与右手成对把握棍使棍前端点地，左臂在左膝外侧；目视前下方（图 10–120)。

图 10–118

图 10–119

图 10–120

34. 射雁势

左脚向右腿后方斜插落下，身体向右转，两腿屈膝下蹲成歇步；同时，左手离棍变掌划弧停于头前上方，拇指向下；右手握棍使棍前端向右后劈下；目视棍前端（图 10–121)。

图 10–121

35. 转身竖旗

(1) 起立。左脚向左侧跨一步，身体向右转；同时，右手握棍，使棍前端由上向下经右臂外侧再由下向上划半个圆弧；左手准备接棍；目视右方。左腿向前，左手握棍与右手成对把握棍，使棍两端逆时针各划 180°弧；目视前下方（图 10-122）。

(2) 右脚蹬地踏跳，身体向右后转，左脚落地支撑，右腿屈膝提起；两手握棍随跳转继续划弧；目视左下方。上动不停，右脚向右落地成右侧弓步；右手离棍于左手前与左手成顺把握棍，随右脚落地身体向右转，双手握棍向体右侧摆成立棍，向上竖直冲击，两臂微直；目视左方（图 10-123）。

图 10-122

图 10-123

36. 苍龙归海

（1）左手离棍向棍上端握去，与右手成对把握棍，两手握棍使棍上端变向下后，将棍身向左肩处绕，过左肩后，使棍身右上左下斜背于后背；绕棍同时，右腿伸直，身体向左转，左腿屈膝提起；目视前方（图 10-124、图 10-125）。

图 10-124

图 10-125

（2）右脚踏跳，左脚随即下落，左腿屈膝全蹲，身体向左转，右腿向右伸直仆地成右仆步；同时，左手离棍舒伸于身后，高与肩平，掌心向外，指尖向上；右手握棍端，使棍另一端向右下抡扫；目视棍前端（图 10-126）。

图 10-126

（3）身体起立，右脚后撤虚点，成右虚步，身体向右转；同时，右手握棍使棍前端向上、向后，棍身横于右臂外侧；左手离棍成掌，屈臂立掌于胸前，掌心向前；目视右前方（图10–127）。

（4）右脚踏跳，身体向右后转，左、右脚依次跳落，两腿屈膝成马步；右手握棍裹脑，使棍后端顺时针抡扫近两周，右臂侧平举；左手立掌，左臂侧平举，左掌心向左；目视右方（图10–128、图10–129）。

图 10–127

图 10–128

图 10–129

(5) 右脚收回虚点，随即提起外展，身体向右后转，两腿成交叉步；同时，右手握棍向右后方顺时针平转云棍，转身后左手握棍，与右手成对把握棍；目视棍中段（图 10–130、图 10–131）。

(6) 右脚蹬地，左腿前跳，腾空转体 180°，右腿屈膝停于左腿后；双手握棍，使两端逆时针各转半圈，两臂成交叉状，右臂在上，左臂在下，使棍身夹于右腋下；目视左下方（图 10–132）。

图 10–130

图 10–131

图 10–132

收 势

(1) 右脚下落，身体向右后转，左脚向右前移。双手握棍随转体使棍右端经腿前向右后下划弧，棍左端向右后上划弧，左手离棍，右手握棍使棍左上右下斜背于背后，虎口向上，手心向后；目视前下（图 10-133）。

图 10-133

(2) 右腿屈膝半蹲，左脚尖点地成左虚步；右手握棍不变；左手变摩掌顺时针划弧后，再成立掌向前推出，左臂微屈，掌心向前下。随即右手在上、左手在下，双手持棍立于身前。然后左脚后撤于右脚后，右脚收回，自然并立；同时双手握棍顺时针划圆，成左手在上、右手在下。接着右手向右外划圆，下按于胯前，合太极。目视前方（图 10-134—图 10-141）。

图 10-134

图 10-135

图 10-136

图 10-137

图 10-138

图 10-139

图 10–140

图 10–141

四、武式太极三十六棍棍式歌诀

怀抱太极棍领先，金鸡独立庭中站。
金童摇圈紧上步，白云盖顶遮苍天。
拨云望日大地暖，五花棍势上下翻。
枯树盘根就地扫，大鹏展翅入云端。
乌龙摆尾把身护，风扫梅花落一片。
劈山棍下千钧重，白鹤起舞手难攀。
野马分鬃分左右，紫燕望月回头看。
白蟒翻身乌云卷，五行棍势变万千。
二龙戏珠点咽喉，狮子摇头威力显。
白猿献果独立势，左右车轮似风旋。
豹子跳涧猛回头，左右拦扫难近前。
猛虎绞尾断筋骨，流星赶月快如电。

童子拜佛蹬山势，泰山压顶谁敢拦。
指裆撩阴人难防，拨草寻蛇贵连贯。
灵猫捕鼠似放箭，抄点斜劈紧相连。
宿鸟投林挂法鲜，鱼跳龙门把身翻。
盘膝托裆钓鱼势，定海神针避浪翻。
开弓摆下射雁势，转身竖旗棍朝天。
苍龙归海须下势，身合太极势还原。

第十一章 秘传古典太极拳谱（老三本）

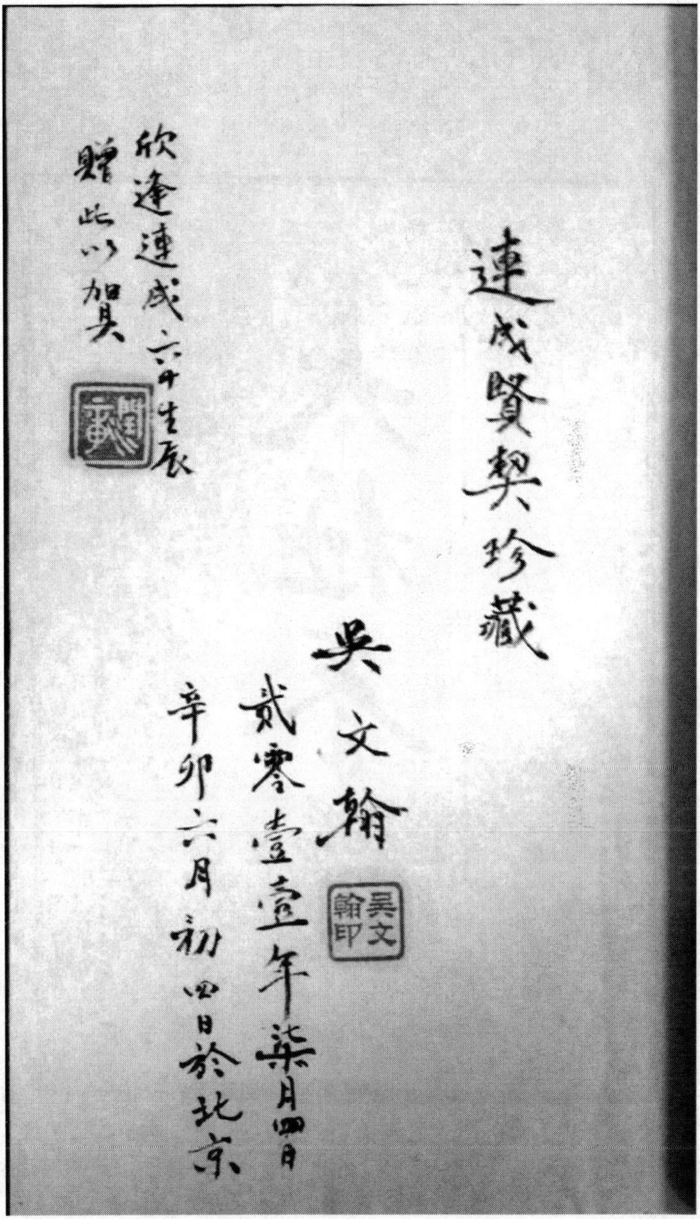
連成賢契珍藏

吳文翰

吳文翰印

貳零壹壹年柒月四日

辛卯六月初四日於北京

欣逢連成六十生辰

贈此以賀

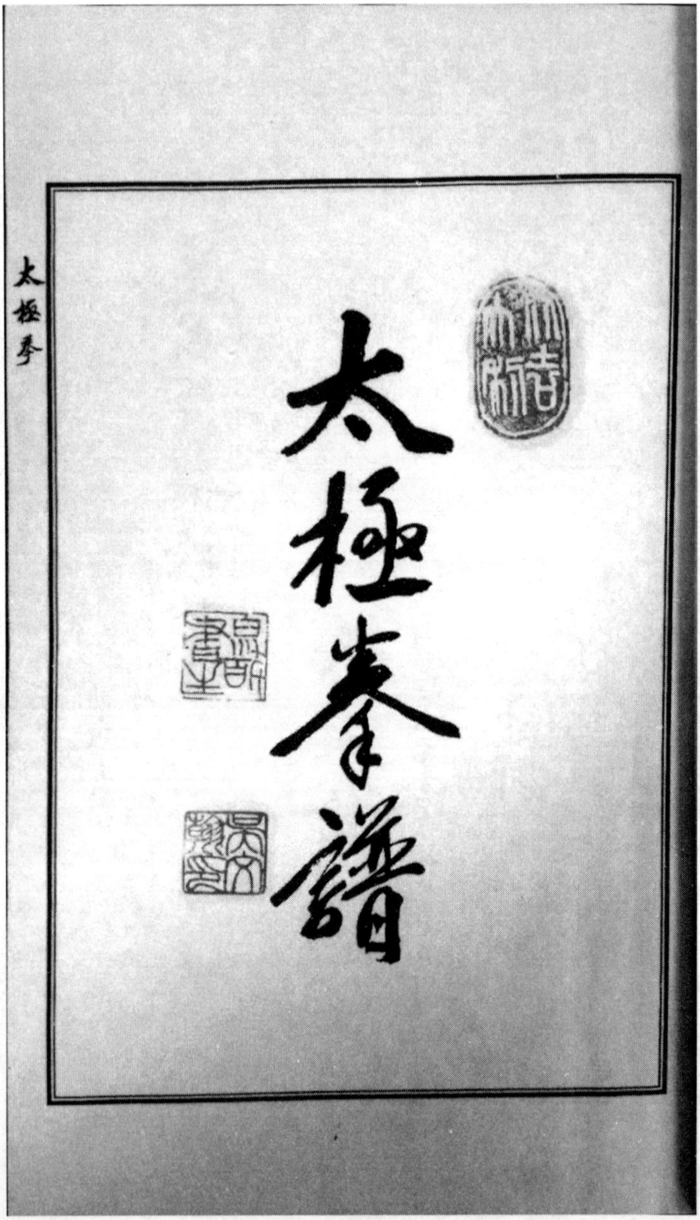

太極拳

太極拳譜

十三勢架

攬鵲尾。單鞭。提手上勢。白鶴亮翅。

摟膝拗步。手揮琵琶勢。摟膝拗步。

手揮琵琶勢。上步搬攬錘。如封似閉。

抱虎推山。單鞭。肘底看錘。倒攆猴。

白鶴亮翅。摟膝拗步。三甬背。上勢

攬鵲尾。單鞭抎手。高探馬。左右起

太極拳　一

太極拳

脚。轉身蹬一足。踐步栽錘。翻身二起。披身踢一脚。轉身蹬一脚。上步搬攬錘。如封似閉。抱虎推山。斜單鞭。野馬分鬃。單鞭。玉女穿梭。抎手。下勢。更雞獨立。倒攆猴。白鵝亮翅。摟膝拗步。三甬背。上勢攬鵲尾。單鞭。抎手。高探馬。十字擺連。

上步指膛錘。上勢攬鵲尾。單鞭。下勢。上步七星。下步跨虎。轉脚擺連。彎弓射虎。上步搬攔捶。抱虎归山。

山右王宗岳太極拳論

太極者無極而生、陰陽之母也、動之則分、靜之則合、無過不及、隨曲就伸、人剛我柔謂之走、我順人背謂之粘、動急則急應、動

太極拳　二

緩則緩隨、雖變化萬端、而理唯一貫、由着熟、而漸悟懂劲、由懂劲、而階及神明、然非用力之久不能豁然貫通焉、虛（灵）領頂劲、氣沉丹田、不偏不倚、忽隱忽現、左重則右虛、右重則左杳。仰之則彌高。俯之則彌深。進之則愈長。退之則愈促。一羽不能加。蠅虫不能落。人不知我。我獨知人。英雄所向無敵。蓋皆由此而及也。斯技旁門甚多。雖勢有區別。概不外壯欺弱。慢讓快耳。有力打無力。手慢讓手快。是皆先天自然之能。非關學力而有也。察四兩撥千斤之句。顯非力勝。觀耄耋禦眾之形。快何能為。立如秤準。活如車輪。偏沉則隨。雙重則滯。每見數年純功。不能運化者。率皆自為人制。雙重之病

太極拳

未悟耳。欲避此病。須知陰陽。粘即是走。走
「楊氏譜多此二字」即是粘。陽不離陰。陰不離陽。陰陽相濟。方
為懂勁。懂勁後。愈練愈精。默識揣摩。漸至
從心所欲。本是舍己從人。多悮舍近求遠。
所謂差之毫厘。謬之千里。學者不可不詳
辨焉。是為論。

身法

涵胸　拔背裹襠　護肫　提頂　吊襠

騰挪　閃戰

刀法

裹剪腕　外剪腕　挫腕　撩腕

鎗法

平刺心窩　斜刺膀夫　下刺脚面　上刺鎖項

太極拳　四

十三势

一名長拳 一名十三势

長拳者。如長江大海。滔滔不絕也。十三势者。掤、攌、擠、按。採、挒、肘、靠。進退顧盼定也。掤、攌、擠、按。即坎離震兑四正方也。採、挒、肘、靠、即乾坤艮巽四斜角也。此八卦也。進步退步左顧右盼中定即金木水火土此五行也合而言之曰十三势解曰身雖動心貴靜氣須斂神宜舒心為令氣為旗神為主帥身為驅使刻刻留意方有所得先在心後在身在身則不知手之舞足之足之蹈也所謂呵成一氣呵成舍己從人引進落空四兩撥千斤也須知一動無有不動一靜無有不靜視動猶靜視靜猶動內固精神外示安逸須要從人不要

太極拳　五

太極拳

由己從人則活由己則滯尚氣者無力養氣者純剛彼不動己不動彼微動己先動以己依人務要知己乃能隨轉隨接以己粘人必須知人乃能不後不先精神能提得起則無雙重之虞粘依能跟得靈方見落空之妙往復須分陰陽進退須有轉合機由己發力從人借發的須上下相隨乃

一往無敵立身須中正不偏能八面支撑靜如山岳動若江河邁步如臨淵運勁如抽絲蓄勁如張弓發勁如放箭行氣如九曲珠無微不到運勁如百鍊鋼何堅不摧形如搏兎之鵠神如捕鼠之貓曲中求直蓄而後發收即是放連而不斷極柔軟然後極堅剛能粘依然後能靈活氣以直養而

太極拳　六

無害勿以曲蓄而有餘漸至物來順應是
亦知止能得矣

又曰

先在心後在身腹鬆氣斂入骨神舒體靜
刻刻存心切記一動無有不動一靜無有
不靜視靜猶動視動猶動牽往來氣貼背
斂入脊骨要靜內固精神外示安逸邁步

如貓行運觔如抽絲全身意在蓄神不在

氣在氣則滯有氣者無力無氣者純剛氣

如車輪腰如車軸

又曰

彼不動己不動彼微動己先動似鬆非鬆

將展未展觔斷意不斷

又曰

太極拳　七

每一動惟手先着力隨即鬆開尤須貫串不外起承轉合始而意動既而勁動轉接要一線串成氣宜鼓盪神宜內歛勿使有缺陷處勿使有凸凹處勿使有斷續處其根在脚發於腿主宰於腰行於手指由脚而腰而腿總完整一氣向前退後乃得機得進勢有不得機勢處身便散亂必至偏

倚其病必於腰腿求之上下前後左右皆
然凡此皆是意不是外面有上即有下有
前即有後有左即有右如意要向上即寓
意若物將掀起而加以挫之之力斯其根
自斷乃壞

十三勢行工歌訣

十三總勢莫輕識　命意源頭在腰隙

太極拳

變轉虛實須留意　氣遍身軀不稍癡（滯）

靜中觸動動猶靜　因敵變化是（示）神奇

勢勢存心𢹂（揆）用意　得來不覺費工夫

刻刻留心在腰間　腹內鬆靜氣騰然

尾閭正中神貫頂　滿身輕利頂頭懸

仔細留心向推求　屈伸開合聽自由

入門引路須口授　工用無息法自然（修）

若言體用何為準　意氣君來骨肉臣

詳推用意終何在　益壽延年不老春

歌兮歌兮百四十　字字真切義無疑

若不向此推求去　枉費工夫遺歎息惜

走架打手行工要言

昔人云　能引進落空能四兩撥千斤不能引進落空不能四兩撥千斤語甚話初學末由領

悟予加數語以解之俾有志斯技者得所
從入庶日進有功矣欲要引進落空四兩
撥千斤先要知己知彼欲要知己知彼先
要舍己從人欲要舍己從人先要得機得
勢先要周身一家欲要周身一家先要一
身無有缺陷欲要周身無有缺陷先要神氣
鼓盪欲神要神氣鼓盪先要提起精神神

不外散欲要神不外散先要神氣收歛入
骨先要兩股前節有力兩肩鬆開氣向下
沈勁起於脚根變換在腿含蓄在胸運動
在兩肩主宰在腰上於兩膊相繫下於兩
腿相隨勁由內換收便是合放即是開靜
則俱靜靜是合合中寓開動則俱動動是
開開中寓合觸之旋轉自如無不得力才

太極拳　十

能引進落空四兩撥千斤平日走架是知己工夫一動勢先問自己周身合上數項不合少有不合即速改換走架所以要慢不要快打手是知人工夫動靜固是知人仍是問己自己安排得好人一挨我我不動彼絲毫趁勢而入彼自跌出如自己有不得力處便是雙重未化要於腰腿求之

所謂知己知彼百戰百勝也

胞弟啟軒

嘗以毯譬之如置毯於平坦人自莫可攀躋強臨其上向前用力後跌向後用力前跌罕譬甚明細揣其理非舍己從人一身一家之明證乎得此一譬引進落空四兩撥千斤之理可盡人而明矣

敷

敷者運氣於己身敷布彼侞之上使不得動也

蓋

蓋者以氣蓋來處也

對

對者以氣對彼來處也認定準頭而去也

吞

吞者以氣而入於化也

此四字無形無聲非懂勁後練到極精地位者不能知全是以氣言能直養其氣而無害始能施於四體不言而喻其

太極拳小序

太極拳不知始自何人其精微巧妙王宗岳論詳且盡矣傳至河南陳家溝陳姓神而明者代不數人我郡南關楊某愛而往

焉專心致志十有數年備極精妙旋里後示諸同好母舅武禹襄見而好之常與比較伊不肯輕以授人僅能得其大概素聞豫省懷慶府趙堡鎮有陳姓名清平者精於是技逾年母舅因公赴豫省過而訪之焉研究月餘而精妙始得神乎技矣予自咸豐癸丑時年二十餘始從母舅學習此

技口授指示不遺餘力奈予質最魯二十
餘年來僅得皮毛竊意其中更有精巧技
僅以所得筆之於後名曰五字訣以識不
忘所學云光緒丁卯端陽日亦畬氏謹識
於小書室之南牖下

五字訣

一曰心靜心不靜則不專一舉手前後左

太極拳　十三

右全無定向故要心靜起初舉動未能由已要息心體認隨人所動隨屈就伸不丢不頂勿自伸縮彼有力我亦有力我力在先彼無力我亦無力我意仍在先要刻刻留心挨何處心要用在何处須向不丢不頂中討消息從此做去一年半載便能施於身此全是用意不是用勁久之則人爲我制

我不為人制矣

二曰身靈身滯則進退不能自如故要身靈舉手不可有呆像彼之力方碍我皮毛我之意已入彼骨裏兩手支撐一氣貫串左重則左虛而右已去右重則右虛而左已去氣如車輪周身俱要相隨有不相隨處身便散亂便不得力其病於腰腿求

太極拳

右全無定向故要心靜起初舉動未能由己要息心體認隨人所動隨屈就伸不丟不頂勿自伸縮彼有力我亦有力我力在先彼無力我亦無力我意仍在先要刻刻留心挨何處心要用在何處須向不丟不頂中討消息從此做去一年半載便能施於身此全是用意不是用勁久之則人為我制

我不為人制矣

二曰身靈身滯則進退不能自如故要身

靈舉手不可有呆像彼之力方碍我皮毛

我之意已入彼骨裏兩手支撑一氣貫串

左重則左虛而右已去右重則右虛而

左已去氣如車輪周身俱要相隨有不相

隨處身便散亂便不得力其病於腰腿求

之先以心使身從人不從己後身能從心由己仍是從人由己則滯從人則活能從人手上便有分寸秤彼勁之大小分厘不錯權彼來之長短毫髮無差前進後退處處恰合工彌久而技彌精矣

三曰氣斂氣勢散漫便無含蓄身易散亂務使氣斂入脊骨呼吸通靈周身罔間吸

為合為蓄呼為開為發蓋吸則自然提得起亦得人起呼則自然沉得下亦放得人出此是以意運氣非以力使氣也

四曰勁整一身之勁練成一家分清虛實發勁要有根源勁起於腳根主於腰間行於手指發於脊背又要提起全付精神於彼勁將出未發出之際我勁已接入彼勁恰好不後不先如皮燃火如泉湧出前進後退無絲毫散亂曲中求直蓄而後發方能隨手奏效此謂借力打人四兩撥千斤也

五曰神聚上四者俱備總歸神聚神聚則一氣鼓鑄鍊氣歸神氣勢騰挪精神貫注開

合有致虚實清楚左虚則右實右虚則左實虚非全然無力氣勢要有騰挪實非全然占煞精要貴貫注緊要全在胸中腰間運化不在外面力從人借氣由脊發胡能氣由脊發氣向下沉由兩肩收於脊骨注於腰間此氣由上而下也謂之合由腰形於脊骨布於兩膊施於手指此氣由下而上也謂之開合便是收開即放是放能懂得開合便知陰陽到此地位工用一日技精一日漸至從心所欲罔不如意矣

擎引鬆放

擎起彼身借彼力中有靈字

引到身前勁始蓄中有斂字

鬆開我勿使屈中有靜字

放時腰腳認端的中有整字

擊引鬆放四字有四不能脚手不隨者不能

身法散亂者不能一身不成一家者不能精

神不團聚者不能欲臻此境須避此病不

然雖終身由之究莫明其妙

打手要言

解曰以心行氣務沉着乃能收斂入骨所

謂命意源頭在腰際也意氣須換得靈乃

有圓活之趣 所謂變轉虛實須留意也立

身中正安舒支撐八面行氣如九曲珠無微

不到所謂氣遍身軀不稍癡也發勁須沉着

鬆靜專注一方 所謂靜中觸動動猶靜也 往復須

太極拳

有摺疊進退須有轉換 所謂因敵變化神奇也
曲中求直蓄而後發 所謂勢〻似心用意引〻留
心在腰間凡精神提得起則無遲重之虞 所謂
腹內鬆靜氣騰然也虛領頂勁氣沉丹田不偏
不倚 所謂尾閭正中神貫頂滿身輕利頂頭懸也
以氣運身務順遂乃能便利從心 所謂屈伸
開合聽自由也心為令氣為旗神為主帥身
為驅使 所謂義氣君來骨肉臣也
掤攦擠按須認真　上下相隨人難進
任他巨力來打我　牽動四兩撥千斤
引進落空合即出　粘連黏隨不丟頂

打手撒放

掤上平 業入聲 噫上聲 咳入聲 呼上聲 吭 呵 哈

十三杆

崩一杆　青龍出水　童子拜觀音
餓虎撲食　攔路虎　拗步　邪披
風掃梅　中軍入隊　宿鳥入巢　敗
勢　狸貓撲鼠　手回琵琶勢
一時短打
迎面飛仙掌　順手飛仙掌　推心掌
推面掌　橫攔肘　裡捨肘　穿心肘　外拴肘　左揉手
右揉手　狸靠外靠　十字靠　七星
靠　鉄身靠　搭手備風　叟風打耳
大焰鑽心　袖裡一点紅　十字跌
冲天炮　推肘跌　軟手提砲　拗攎
棚打　果邊砲　底驚高取　不遮不
架　伯王開弓　朝天一柱香　玉女
棒盒　搖指尋火　桓侯擂鼓　童子

太極拳　十八

太極拳

拜觀音　摟去手　斬手　開門獸扇

子　單鞭砲　前手順前截往穿綫

沖天砲　左手順左脚往上沖打　單

鞭收主　打挖磚　肚裏挖磚依

庚寅秋，余陪業師
吳文翰先生。應邀幽席河北邯鄲太極拳峰
會，席間幸識武術名家
賈安樹先生，聞其珍藏一冊太極拳前輩
李亦畬先生手書拳譜。經吾師考證，迺
亦畬先生手書老三本之稾本。書於光緒
三年。「見吾師出版之太極拳書目考第二頁」
對研究拳史拳論及老三本之形成，有重要
價值。惜因原件破損污漬甚重，頗

太極拳

十九

賈先生應允吾對原件拍攝掃描。並用電腦技術清除污漬，還典籍之舊貌後擇宣紙印刷後製綫裝成三十冊。惠贈友好，供太極拳史研究者借鑒，並使此珍貴文獻傳之久遠，此亦吾師之夙願也

辛卯春後學范濤記於竹苑別館

附录

武式太极拳主要传人师承表

- 武和清（字禹襄）
  - 杨班侯
  - 李经伦
    - 李逊之
      - 赵蕴园
      - 魏佩林
      - 刘梦笔
      - 姚继祖
    - 郝和（字为真）
      - 李圣端
      - 韩钦贤
      - 郝中天
        - （李圣端、韩钦贤、郝中天传）
          - 王德春
          - 王德贵
          - 王万庆
          - 王典武
          - 王陛卿
          - 陈固安
            - 陈树国
            - 陈树民
            - 陈树道
            - 陈树义（等）
            - 高连成
          - 吴文翰
            - 高连成
            - 余振礼
            - 穆雅玲
            - 周秋生
            - 吴健存（等）
          - 陈恩禄
          - 杨杰
          - 李自修
          - 张德禄
      - 张振宗
      - 李福萌
      - 范念祖
      - 申武魁
      - 孙禄堂
      - 李香远
      - 王彭年
      - 闫志高
      - 马印书
      - 王其和
      - 郝月如
        - 郝少如
          - 浦公达（等）
          - 郝向荣—郝平顺
        - 郝振铎
          - 么家祯（等）
        - 徐震
        - 张士一
    - 葛福来
  - 李承伦

高连成——

王　勇	侯加胜	李思勇	李保方	尹连河
高　莹	高　涛	高　剑	高　杰	潘　磊
罗　鹏	陈　刚	刘　彬	赵永乐	勾　强
张连棋	张　湛	罗　凯	郭邵震	闪　烁
闪　峰	王　延	王晨霞	朱宏兴	李　欢
张　亮	刘玉辰	王　棋	高　祥	张绍辉
郝建国	苏跃进	陈振宇	秦　楠	王　韬
王智勇	施　政	吴　峰	杨　进	尹　洪
谢太行	庞红涛	任学亮	孙振松	王雪涛
王培华	王五星	吴　琼	孙勇刚	周玉江
马国栋	盖世光	陈丽珠	周　娟	杨　猛
王志超	李　坚	张宗卫	刘湘平	杨其仁
张鑫辉	段文萃	杨宏伟	刘建军	张健壮

石本镜子（日本）　山崎敬（日本）　李泽鹏　林辉铭

注：因陈固安、吴文翰二师授人众多，遵吴师意见，二师所授弟子就不在表中一一列出，敬请同门谅解！

说明：

(1) 爱好武式太极拳，随笔者习艺多年，并学有一定造诣，深喜太极文化，研究武式拳艺者，还有如下人员。

河南省电力公司：毛大鹏、王红印、翟学书、张宏山、刘建军、程岗、郝森、郝良燕、付锐敏、夏若男、张宗萍、胥岩、白宏坤、廖晓玉、邵淮岭、郅擎宇、常怡荣、任月敏。

鹤壁市电力公司：李国立、孔丽萍、王炜、赵牛山、朱孟银、李卫军、邓晓彬、李春艳。

郑州市财政局：关朝利。

郑州市航空港区财政局：王宏伟、沈立、陈念军、蔡萌

郑州市政府：盛铎。

郑州市公安局：张万春、王红杰、李锦颂。

郑州大学：郑学晶。

解放军信息工程大学：万刚。

郑州市：李桂花、赵玉珍、刘莲芬、乔建华、孙业泽、李少杰、刘玉霞、范君倩、郑宝坤、王泉、赵健宇、郜海军。

(2) 随父辈由笔者亲授学艺多年再传弟子有：王逸飞、赵悦迪、赵梓同、张家华、杨雨麟、王勤法、杨丰华、屈奕名、程音、尹若宇、孙嘉辰、杜润依、谢昆仑、白桂宁、马振邦、马超群。

高连成国内外重大武术活动大事记

一、作为武式太极拳名家、武式太极主要传人，受邀参加的国外重大武术活动

1. 1997 年 6 月 21 日（7 月 3 号），首次受日本国东京都太极拳协议会邀请，前往东京传授武式太极拳艺，此举也是武式太极首传东瀛。在日本进行了多次专场表演与教学活动，接受了多家武术媒体采访，采访内容，教学表演活动在多家日本国内武术刊物登载。

2. 首次赴日本国传艺后，又先后于 1999 年 9 月 6—16 日，2000 年 6 月 1—13 日，2002 年 8 月 11—21 日，2005 年 7 月 18—29 日，共计 5 次赴日本国传授武派拳艺，并倡议成立了日本国武式太极拳研究会。

3. 自 1997 年赴日传艺后，日本国太极拳协会于 1998 年，以前野为团长，田岛敬子为副团长，铃木敏夫、石本镜子、佐伯和子、水野优弥子 6 人组成的武式太极拳学习团，赴郑向高连成老师学习武派（式）太极拳艺，学习入住地点：郑铁分局招待所。

4. 2001 年 4 月初，为时一周，日本太极拳协议会，以前野会长为团长组成第二次武式太极拳访华团，入住北京新北纬宾馆，高老师前往北京辅导了日本访华学习团学习，中间参观了永年武禹襄故居，邢台拜谒了陈固安老师墓地，还组织了学术研讨会，请吴文翰老师讲了武派（式）太极拳源流及发展概

况，拳艺特色。

5. 2004 年 8 月 28 日—9 月 4 日，日本国山崎敬、石本镜子来郑向高老师呈帖拜师，后日本二位弟子被推选为日本武式太极研究会正副会长。2007 年 7 月、2011 年等，石本、山崎二位日本弟子又多次赴郑学习。2012 年 3 月，以石本为团长的 10 名团员的访华学习，来郑让高老师辅导了武派拳艺。

二、国内受邀参加的武术名家太极拳名家研讨活动大事记

1. 1993 年 4 月 11 日，经市体委武协批准，召开了郑州武式太极拳研究会成立大会，省武术馆长顾有义，郑州武协秘书长尹成名、李成、来自全国各地的武术界朋友到会祝贺，并进行了精彩武术表演，大会推举高连成为武式太极拳研究会会长。

2. 1993 年 11 月受邀参加河南省首届武术论文研讨会，发表《浅谈武式太极推手》论文。

3. 1999 年 10 月 16—19 日，受邀以武式太极拳名家代表身份参加首届中国武当拳国际联谊大会，并在大会上参加了名家太极拳表演。

4. 1998 年 8 月，被中国温县国际太极拳年会授予“太极拳名师”称号。

5. 1998 年经考评被省武术运动管理中心授予“省一级拳师”称号，同年经考评被国家武术运动管理中心授予武术六段，2008 年 3 月 25 日经考评被国家武术运动管理中心授予武术高段位七段。

6. 2000 年 8 月 20—26 日，以武式太极名家代表身份参加中国焦作（温县第六届）国际太极拳年会，并被人会推举为年会副秘书长，会中参加了各派名家表演及名家辅导活动。

7. 2002 年中国传统武术名家研讨会在河南省辉县（三交口）召开，大会主要研讨了传统武术的技击功能，高连成老师在大会上做了论文演讲，并和弟子勾强、郭邵震进行了技击实战、太极拳及推手演练。

8. 2002 年 7 月，受邀到湖南湘潭传授武派拳艺，并在湘潭收周娟、杨猛、王志超、唐伏虎等弟子。2003 年 5 月、2004 年 3 月、2005 年 10 月又到湘潭辅导拳艺。

9. 2002 年 9 月 20—30 日，赴黑龙江肇州县教授盖世昌学习武派太极拳与心意四把拳。以后又多次前往辅导。

10. 2002 年 10 月 25—28 日，受邀作为名家代表参加永年国际太极年会十一年回顾，并被大会授予功勋奖杯，以彰显对发展太极拳事业所做成绩，并被推举为大会副秘书长。

11. 2002 年 11 月 5 日，受郑州市电力公司用电处聘请，开始教授武派（式）太极拳，后有河南省电力公司毛大鹏、王红印、杨进等领导参加，直至 2011 年 10 月结束。

12. 2002 年 12 月，郑州市散打擂台赛，受邀请在大会开幕式上作为武术名家，带弟子勾强进行了太极推手表演。

13. 2003 年 5 月 8 日，受深圳学生袁军邀请，到深圳训练摔跤与散打。

14. 2003 年 3 月 12—28 日，受“中华武术展现工程”邀约，开始入住青龙山庄录制武派太极拳系列光盘，参加演示弟子有勾强、朱宏兴。2004 年 6 月 28—29 日，在山东梁山武术学院录拍武派太极散手光盘，参加演示者有侄子高剑，光盘由人民体育音像出版社发行，广州俏佳人公司制作。

15. 2003 年 12 月 13 日，受焦作体育局邀请，在焦作体育馆参加了欢迎联合国考察团太极名家的太极拳械表演。

16. 2004 年 5 月 2—17 日，参加温县太极年会，于大会闭幕式上受邀进行了名家太极拳表演。

17. 2004 年 6 月 28—29 日，受弟子马国栋邀请到重庆教授武派太极拳，深受重庆武术界欢迎。

18. 2004 年 8 月 21—22 日，受邀参加河北省内邱县武式太极拳研究会成立大会，弟子朱宏兴表演了武派太极十三刀，深受大家赞扬。

19. 2004 年 8 月 30—31 日，日本太极拳协会前野会长专门来郑学习了武派太极拳精编传统架 32 式，该架在日本传承很广，很受习练者欢迎。

20. 2004 年 10 月 5 日，受邀请携弟子周娟、朱宏兴前往永年参加了郝平顺发起的“郝为真学术会”成立大会，朱、周二弟子做了拳械表演，得到全国各地武郝同门好评，高连成老师被推举为“郝为真学术会”顾问。

21. 2003 年 5 月 16 日，被重庆渝中区武式太极拳研究社聘为副社长。

22. 1992 年参加邢台市武式太极拳研究会成立大会，被聘为顾问。

23. 2006 年 5 月 20 日，被许昌市武式太极拳研究会聘为名誉会长，并率团参加了该会成立大会，参加了精彩的武术表演，受许昌同仁好评。

24. 2004 年 10 月，被郑州市武术协会聘任为郑州市武术协会常委。

25. 2002 年，率团参加了石家庄市武式太极委员会成立大会，被聘为高级顾问，并和弟子做了精彩的武派太极刀、枪、剑、棍、拳及推手等拳种的精彩表演，受各地代表好评。

26. 2006 年 5 月 26—28 日，受邀参加了中国第三届太极拳名家研讨会暨首届国际太极拳名家论坛，弟子勾强、李欢、马国栋同往参加此次盛会。大会由马鞍山市政府，中国功夫杂志社承办，大会中高连成老师进行了四场太极拳、太极刀、太极棍的表演，并与弟子勾强表演了太极打手发放术，深受各路名家好评。

27. 2004年6月8—18日，应邀参加了“中华武术展现工程”，于北京全国各拳派武术名家表演大会上，被选为表演优秀名家，再次到北京牛街进行精彩表演。

28. 2001年11月29日—12月2日，应邀以武式太极拳名家代表身份参加中国珠海国际太极拳交流大会，参加了名家太极拳表演与名家太极拳辅导活动。

29. 2007年4月30日—5月3日，以名家代表身份参加了首届永年武式太极拳高峰论坛，并在大会名家表演中，表演了武式太极拳老架，受到大会好评，大会录有表演光盘上市，同行杨保安、刘莲芬、赵玉珍、勾强、朱宏兴等。

30. 2007年5月18日，受鹤壁电力公司邀请，在该公司开办了武式太极学习班，为时三年，培养了一大批武式太极拳爱好者，常年坚持练功，同年还接待了日本太极协会石本镜子、山崎敬，高老师传授了太极棍，并同鹤壁拳友进行了友好交流。

31. 2008年5月25—27日，高老师率郑州、鹤壁二地三十多名武派同门参加在邢台市举行的陈固安大师95周年诞辰武术表演大会，并进行了集体武式新架、推手等多项表演。

32. 2008年6月1—3日，以名家代表身份参加在永年县举办的全国太极拳名家论坛大会，在会上与弟子郭邵震讲解演示了武式太极拳打手技法。

33. 2008年6月18—20日，作为武式太极拳名家代表，参加在辽宁省开源市举办的武式太极拳高峰论坛，在大会上进行了武式太极连环十三刀的表演，并参加了一系列研讨活动。

34. 2009年10月16—21日，受邀以专家身份参加中国邯郸第十一届太极拳运动大会，参加大会太极拳演讲、闭幕表演等活动。

35. 2009年9月18—20日，全国武术段位考评在河南省郑州市举行，在开幕式上受大会之邀，做武式太极名家表演，学生郭邵震、朱宏兴、张鑫辉、范君倩参加考评，晋升四、五、六段位。

36. 2009年10月19—22日，受邀以武式太极名家代表身份，参加了在北京顺义举办的全国第三届武式太极拳高峰论坛，会上表演了拳架与推手，同行师弟杨保安，弟子郭邵震、朱宏兴。

37. 2011年7月9日，高连成老师六十寿诞。来自北京、河北、黑龙江、河南、湖南、重庆、湖北等地弟子及邢台市陈树义国术馆，许昌太极协会，许昌武式太极拳研讨会，郑州弟子、学生及社会各界朋友二百多人参加了祝寿活动，日本太极协会也致电祝贺。大会举行了精彩的武术表演，并以《连成六十花甲，武派精英荟萃》为题录制了纪念光盘，全球功夫网进行了现场采访，并在网上进行了传播。

38. 2013年4月29日，率郑州武式太极研究会，鹤壁武式太极研究会两地三十多位代表参加在河北省邢台市举行的陈固安大师诞辰100周年武术表演大会，郑州代表队进行了精彩的太极拳械、打手、散手、实战和中国式摔跤计16项表演。

组织参与的武术比赛等活动

1. 1980年代表郑州铁路局参加河南省第五届运动会中国式摔跤比赛。

2. 1981 年任郑州铁路局代表队教练，带队参加河南省青少年中国式摔跤比赛（地点：开封市），多名队员取得好成绩。

3. 1983 年入选郑州铁路局摔跤队，参加全国铁路系统在辽宁省锦州市举办的中国式摔跤比赛，获得 62KG 级第二名。

4. 1983 年任郑州铁路局武术队教练，参加河南省（在安阳市）的武术套路和散打比赛，获得两块银牌。

5. 1986 年代表郑州铁路局参加全国铁路第六届运动会中国式摔跤比赛（广西桂林），获得 68KG 级第三名。

6. 1986 年担任郑州铁路局散打队教练，参加全国首届“少林杯”散打比赛（郑州），多级别获取好名次，并获取团体总分第三名。

7. 1992 年任郑州铁路分局教练，参加郑州市传统武术比赛，本人获太极拳第一名，太极枪第二名，队员多人获取优秀成绩。

8. 1993 年入选郑州市代表队，参加了郑州第三届国际少林武术节比赛，演练的武式太极拳、太极棍荣获优秀奖。

9. 1993 年率郑州武式太极拳研究会代表队参加邯郸国际太极拳年会大赛，获取集体太极拳表演优秀奖，弟子王勇获取全国武式太极拳推手冠军。

10. 1995 年率郑州武式太极拳研究会代表队参加邯郸国际太极年会大赛，共获取太极推手 48KG 级、65KG 级、女子 60KG 级金牌，男子 70KG 级、85KG 级银牌，60KG 级第三名，太极拳械的两个银牌奖，三个铜牌奖。

11. 1995 年担任郑州市代表队教练，参加河南省太极拳、剑、推手比赛，获取 60KG 级推手比赛第二名，80KG 级第三名，太极拳王勇获一等奖。

12. 1996 年率郑州铁路分局（郑州武术研究会）代表队参

加了中国温县国际太极拳年会大赛。高连成获取武式太极拳、剑第一名，少年组武式太极拳、剑，金、银、铜牌包揽。女子推手王晨霞获 60KG 级第一名，男子推手肖文生获 85KG 级第三名，张湛获 75KG 级第三名。

13. 1998 年率郑州铁路分局（郑州武式太极拳研究会）代表队参加中国温县国际太极拳年会，罗凯获取男子太极拳推手比赛 80KG 级第三名，郭邵震获取 75KG 级第四名，吴琼获女子 60KG 级第三名。

14. 在郑州市第九届武术运动会上，率领郑州武式太极拳研究会代表队，获取武术比赛团体第五名，获取太极拳男子少年组第一、第二名，女子成年组第二名，男子太极推手 65KG 级郭邵震获取第一名，75KG 级推手罗凯第一名，朱宏兴获取第二名，女子组太极推手 55KG 级包揽前两名（刘莲芬，王晨霞），女子 60KG 级包揽前两名。

15. 2001 年河南省“武协杯”传统武术比赛，率郑州武式太极研究会参赛，刘宇辰获男子太极拳少年组第一名，刘莲芬获女子太极拳成年组第二名，赵玉珍获第三名，郭邵震获男子成年组第三名。

16. 2002 年率郑州武式太极拳代表队参加焦作第二届国际太极拳年会，弟子朱宏兴、李欢分获武式太极拳少年组第一名、第二名，郭邵震、刘莲芬、李桂花获武式太极拳成年组优秀奖，侯加胜获推手比赛 60KG 级第三名，勾强获 85KG 级第五名，郭邵震、朱宏兴分别获得 70KG 级、75KG 级第六名。

17. 2004 年 9 月 18 日，率郑州武式太极拳研究会参加郑州市首届传统武术节，参加 8 人，获集体项目第四名，太极拳、械比赛获两个第一名，两个第二名，两个第三名。

18. 2005年率学生组团参加了温县陈家沟太极拳中心邀请赛，参赛10人，获取太极拳5个一等奖，4个二等奖，闭幕式邀请高连成老师做武式太极名家表演。

19. 2006年参加郑州市传统武术大赛，学生范国辉获取男子壮年组第一名，金成科获取中年组武式太极拳第一名，乔建华获女子中年组第一名，张绍辉、刘莲芬、许维亚获取第二名，刘莲芬获太极棍第一名，李欢获男子太极剑第一名，乔建华获女子太极剑第一名。

20. 2006年10月16—19日，高连成老师通过郑州市选拔大赛，入选郑州代表队，参加第二届世界传统武术节大赛，获D组太极拳、器械两项银牌。

21. 2008年10月16—19日，率领鹤壁电力公司、郑州武式研究会组成代表队，参加中国邯郸第十一届太极拳运动大会，朱宏兴获得太极推手80KG级第二名，苏跃进、勾强分获75KG级、80KG以上级第五名。太极拳械比赛共获5块金牌，7块银牌。

22. 2012年8月25日，所教的河南省电力公司学员组成的代表队，在河南省直机关运动会太极拳比赛中（联通杯），获取团体总分第一名，杨进等3人获男子太极拳一等奖，白宏坤等3人获女子太极拳一等奖，杨进获男子太极剑一等奖，张宗萍、付锐敏获女子太极剑一等奖，陈振宇、张建壮、尹洪获男子太极大杆一等奖。

23. 2012年9月22日，率郑州武式太极拳研究会学生参加郑州国际少林武术节选拔赛，杨进、朱宏兴、张宏山分获男子武式太极拳前三名，郑学晶、乔建华、张鑫辉分获女子太极拳前三名，朱宏兴获男子太极刀第一名，男子组传统太极器械张宏山获第二名，杨进获第三名，刘建军获第五名，女子太极剑乔建华获第二名，郑学晶获第三名。

24. 在历届郑州国际少林武术节比赛中，弟子刘宇辰、王晨霞、范君婧、郭邵震在太极拳械比赛中都获得过金牌。

25. 2013 年 11 月 25—26 日，高连成老师受《中国功夫》杂志社、国际中国功夫总会、国际古拳术文化促进会邀请，作为武武太极拳名家代表，参加了在香港举办的第四届国际中国功夫高峰论坛暨功夫角力与演示大赛。高老师参加了大会名家表演与论文演讲。弟子分别获取角力大赛各级别冠亚军，其中王逸飞获 60KG 级冠军、王延获 75KG 级冠军、施政获 75KG 级亚军、闪烁获 80KG 级冠军、邵震获 85KG 级亚军、李欢获 90KG 以上级冠军、罗凯获 90KG 以上级亚军、张鑫辉获女子无差别级冠军。在演示大赛中，拳械共获取 15 块金牌、5 块银牌。鉴于高连成老师所率弟子成绩优异，大会组委会特授予高连成老师及其团队角力大赛与演示大赛团队金奖。

26. 2014 年 10 月 18—22 日，高连成老师率河南省电力公司代表队参加了郑州市第十届国际少林武术节。由杨进、刘建军、尹洪、张宏山、张健壮、孙振松、朱宏兴、乔建华、张鑫辉、程音十人参加的集体武式太极拳表演，获集体项目银牌奖。拳术、器械个人单项共获取：乔建华金、银牌各一枚，杨进银牌两枚，陈振宇、张鑫辉、白宏坤、张宗萍、杨兴华、屈奕名各获银牌一枚，杨雨麟、尹若宇、付锐敏、廖晓玉获铜牌奖。全队圆满完成比赛任务，在此次国际大赛中备受国内武术名家、武术爱好者的赞誉。

27. 2015 年 8 月 18—23 日，高连成老师亲率郑州武式太极拳研究会代表队、河南电力体协代表队参加了第八届中国焦作国际太极拳交流大赛，比赛期间全体队员不畏强手、努力拼搏、奋勇争先，共取得拳术和器械套路竞赛金牌5枚、银牌20枚、铜牌14枚，其中杨雨麟获刀术金牌，杨丰华获拳术金牌，马国栋获拳术金牌，乔建华获拳术、剑术金牌；太极拳集体二等奖一个；在太极推手对抗竞赛中，郭邵震获男子85KG级铜牌、孙振松获男子85KG级第五名、王雪涛获男子80KG级第五名、张鑫辉获女子65KG级铜牌。高连成老师所率队伍的精湛技艺和良好精神风貌得到大赛组委会和各位武术界同仁的高度认可和一致赞扬。

图书在版编目(CIP)数据

武式太极拳拳械汇编 / 高连成编著. - 北京：人民体育出版社，2015（2016.6.重印）
ISBN 978-7-5009-4824-7

Ⅰ.①武…　Ⅱ.①高…　Ⅲ.①太极拳-拳术-汇编
Ⅳ.①G852.111.9

中国版本图书馆 CIP 数据核字（2015）第 127474 号

*

人民体育出版社出版发行
三河兴达印务有限公司印刷
新　华　书　店　经　销

*

850×1168　32 开本　19.75 印张　454 千字
2016 年 1 月第 1 版　　2016 年 6 月第 2 次印刷
印数：4,001—7,000 册

*

ISBN 978-7-5009-4824-7
定价：45.00 元

社址：北京市东城区体育馆路 8 号（天坛公园东门）
电话：67151482（发行部）　　邮编：100061
传真：67151483　　邮购：67118491
网址：www.sportspublish.com